영어 앞에 선
나를 위한 준비운동

영어 앞에 선
나를 위한 준비운동

ⓒ 서정욱, 2025

초판 1쇄 발행 2025년 6월 26일

지은이	서정욱
펴낸이	이기봉
편집	좋은땅 편집팀
펴낸곳	도서출판 좋은땅
주소	서울특별시 마포구 양화로12길 26 지월드빌딩 (서교동 395-7)
전화	02)374-8616~7
팩스	02)374-8614
이메일	gworldbook@naver.com
홈페이지	www.g-world.co.kr

ISBN 979-11-388-4412-3 (03740)

- 가격은 뒤표지에 있습니다.
- 이 책은 저작권법에 의하여 보호를 받는 저작물이므로 무단 전재와 복제를 금합니다.
- 파본은 구입하신 서점에서 교환해 드립니다.

작지만 진심어린 잔소리

영어 앞에 선 나를 위한 준비운동

서정욱 지음

좋은땅

우리는 왜 영어를 못 할까요?
그렇게 오랜 시간 동안 그렇게도 많은 수업을 듣고 공부를 했는데, 왜 아직도 영어를 못 하고, 두려워하기까지 할까요?

이 책은 영어를 잘 하는 사람들을 위한 책이 아닙니다. 영어를 이미 잘 하는데 더 잘 하기 위한 사람들을 위한 책도 아닙니다. 특별한 학습법을 이야기하지 않습니다. 특별하고 많이 사용되는 표현과 어휘 등을 다루지도 않습니다.

이 책은 영어라는 언어에 대해서 이야기할 것입니다.
오랜 동안 영어를 무서워했던
영어를 어떻게 접근해야 할지 모르는,
영어를 어떻게 공부해야 할지 모르는,

많이 배웠는데도 말을 못 하는,
수없이 포기해서, 다시 시작하기 겁나는
한국의 보통 성인들을 위한 영어 안내서입니다.

여러분이 그동안 공부해 오면서 놓쳤던 부분을 짚어 보면서 영어라는 언어를 여러분 스스로 익혀 나갈 수 있도록 도와주기 위한 책입니다.

영어도 언어일 뿐입니다. 수많은 언어 중 하나일 뿐입니다.
누구나 할 수 있고, 누구나 할 수 있어야 합니다.
배운 적이 없다면 못 하는 것이 맞지만, 배웠다면 할 수 있어야 하는 겁니다.

아주 거창하고 대단하게 잘 할 필요도 없고, 배운 만큼은 듣고 말할 수 있어야 하는 겁니다.
그러기 위해서, 특별한 학습법이 필요하다고 생각하지 않습니다.
수많은 학습법들에 대해서 "맞다 틀리다"를 말하는 것이 아닙니다.

결론부터 말하자면 **'영어도 수많은 언어 중 하나일 뿐이므로, 우리가 한국어를 익혔듯이 많이 듣고 따라서 말하자'**입니다. 결론만 원한다면 이 책을 안 봐도 됩니다.
이미 잘 알고 있다면 지금 바로 이 책을 덮으세요.

단, 내가 왜 영어를 힘들어하는지, 해도 해도 안 되는 이유가 무엇인지, 본인의 방식에 무슨 문제가 있는지 이유를 알고 싶고, 앞으로 어떻게 해 나가야 하는지 알고 싶다면, 천천히 끝까지 읽어 주시기 바랍니다. 이 책이 조금은 도움이 될 수 있을 거라 생각합니다.

물론, 결론은 **'더 많이 듣고 따라서 말하자'**입니다.

다시 한 번 강조하지만 **영어는 다른 나라의 언어**입니다. 불어, 일본어, 중국어처럼 다른 여러 언어 중 하나일 뿐입니다. 그래서 아주 많이 듣고, 들리는 대로 따라 하면서 익혀야 합니다.

그 부분이 이해가 되고 납득이 되면, 그 동안 무엇이 문제였는지, 왜 그렇게 영어가 힘들고 안 늘었는지, 앞으로는 어떻게 공부해야 하는지, 무엇으로 해야 하는지 등을 이해하게 될 것입니다.

너무나 당연한 말입니다. 영어가 우리말이 아니라는 사실. 그렇기 때문에 모두가 이미 알고 있다고 생각하고 있습니다. 그런데 무언가 놓치고 있는 것이 있습니다. 그렇지 않다면 그렇게 오랜 시간 영어를 접했고 공부하고 배우고 있는데도 못 할 리가 없으니까요.

바로 우리가 놓치고 있는 그것에 대해서 이야기를 하려고 합니다.

이 책에 있는 내용을 모두 이해하고 납득했다고 해서 갑자기 영어가 늘지는 않습니다. 단, 앞으로 어떤 방식으로 해야 할지 감은 잡힐 겁니다. 그거라면 충분합니다. 여러분이 공부하고 있는 방향을 아주 약간만 바로잡아 줄 수 있다면, 이 책의 역할은 충분히 했다고 생각합니다.

천천히 따라와 주세요.

영어가 나오면 무조건 입을 열어서 말을 하겠습니다.

서명 _____

목차

첫 번째	생각해 봅시다. 영어 울렁증이 무엇일까요?	10
두 번째	생각해 봅시다. 영어를 왜 배우고 싶나요?	17
세 번째	생각해 볼 문제 - 우리는 얼마나 공부를 했을까요?	24
네 번째	생각해 볼 문제 - 얼마나 공부해야 여러분이 원하는 만큼 실력이 늘까요?	37
다섯 번째	여러분은 영어로 말을 얼마나 많이 해 봤나요?	41
여섯 번째	생각해 봅시다. 영어와 우리말은 다르다는 사실을 인정하고 받아들이자.	51
일곱 번째	아는 것을 이용해서 말을 하자. 아는 만큼 말을 하면서 말하기를 즐기자.	71
여덟 번째	활용 1 - 활용하는 법에 대해서	75
아홉 번째	활용 2 - 질문에 있는 것은 대답에 있고 대답에 있는 것은 질문에 있습니다.	98
열 번째	세 그룹의 한국인들	124
열한 번째	그럼 어떻게 하라는 건가?	129
열두 번째	마지막 - 그럼 어떤 방법이 나에게 맞을까?	133

긴 잔소리 들어 주서서 감사합니다.　　　　　　143
사례별 조언　　　　　　　　　　　　　　　　145

첫 번째
생각해 봅시다.
영어 울렁증이 무엇일까요?

2008년부터 다양한 많은 왕초보분들을 만나 오면서 알게 된 한 가지 사실은 모두가 영어에 부담을 가지고 있다는 것입니다. 안 배워서 못 하는 그런 부담 말고, 영어 자체에 대한 막연한 두려움으로 인한 부담이었습니다. 그 중에는 영어로 인해 힘들었던 경험이 있어서 트라우마 같은 것이 생긴 분도 계셨지만, 그냥 막연히 이유도 모르고 영어가 공포의 대상인 것처럼 겁을 먹고 있었습니다. 제 사무실 문을 열고 들어오지 못하는 분도 계셨습니다.

그리고 아주 흔하게 묻는 질문 중 하나가 있습니다.

"하나도 모르는데 배울 수 있나요?"

그럼 저는 항상 이렇게 말합니다.

"하나도 모르니까 배우는 거죠."

하나도 모르고 못 하니까 배우는 거죠.
많이 알고 잘 하시면 오지 마세요."

그리고 재미있는 사실은 10대는 이런 질문을 하지 않습니다. 물론 10대 중에서도 영어를 싫어하는 아이가 있기도 합니다. 하지만 그 아이들은 공부로서 시험을 봐야 하는 하나의 과목으로서 영어가 싫거나, 너무 암기만 하고 평가를 위해서만 공부해서 질려 버려서 하기 싫은 것이지, 성인들처럼 영어를 생각만 하면 가슴이 떨리고 외국인만 보면 겁이 나는 그런 것이 아닙니다.

그럼 왜 한국의 성인들은 영어 울렁증이라는 것이 있을까요? 도대체 영어 울렁증이 무엇일까요? 왜 영어 울렁증만 있을까요? 불어 울렁증, 일본어 울렁증은 없는데 왜 영어 울렁증은 있을까요?

우선 사람들이 흔히 말하는 영어 울렁증의 증상에 대해서 간단히 살펴보겠습니다.

- 영어가 그냥 싫다.
- 영어가 무섭다.
- 외국인만 봐도 겁이 난다. (여기서 외국인은 영어를 사용하는 사람들입니다. 이상하게도 다른 언어를 사용하는 사람들은 겁내지 않

습니다.)
- 영어로 말을 못 하겠다.
- 틀릴까 봐 겁이 난다.
- 영어만 생각하면 긴장이 된다.
- 영어를 못 하는 자신이 싫고 부끄럽다.

어떤 분들은 그렇게 말합니다.
"영어를 못 하니까 울렁증이 있는 거죠."
그럴 수 있습니다. 그렇다면 못 하는 모든 것에는 울렁증이 있다는 것인데, 그럼 이분은 과연 아랍어 울렁증도 있고, 불어 울렁증도 있을까요?

그리고 이런 분들에게 아랍어나 불어를 시키면 당당하게 이렇게 말합니다.
"그건 한 번도 안 배워서 몰라요."

배운 적 없으면 우리는 당당하게 '몰라요'라고 말합니다. 부끄러워하지도 않습니다. 왜 그럴까요? 안 배웠으니까요. 혹은 배운 적이 조금 있다고 해도, 거의 공부를 한 적이 없다는 것을 스스로 인정하니까요. 본인 스스로 그 언어를 거의 공부한 적 없다는 것을 알고 있으니까요.

영어 울렁증은 아래와 같은 이유 때문에 생겨나지 않았을까요?

영어를 정말 배운 적이 없다는 분들의 경우

나는 영어를 정말 배운 적이 없다. 정말 공부를 안 했다.
⇩
하지만 학교에서 배운 적이 있긴 하다.
(하지만 배우지 않은 걸로 간주)
⇩
예전에 배웠을 때, 도저히 안 늘어서, 어려워서 포기했다.
(본인 기준으로 노력을 했다)
⇩
그렇지만, 나도 영어를 잘 해야 한다.
(나 빼고 남들은 다 잘 한다, 본인 기준으로)
⇩
그런데 못 한다.

나름 영어를 배우긴 했다는 분들의 경우

나는 영어를 배운 적이 있다.
⇩
조금만 배운 것도 아니고, 나름 오랫동안 많이 배웠다.
(본인 기준으로)
⇩
그렇기 때문에 나는 영어를 잘 해야 한다.
(본인 기준으로 또는 남들과 비교해서)
⇩
그런데 나는 내 기대치만큼 영어를 잘 하지는 못 한다.
(본인 기준으로 또는 남들과 비교해서)
⇩
그것이 불만스럽고, 창피하다.
⇩
그런데 남들은 나만큼만 하고도 혹은 나보다 적게 하고도 말을 잘 한다.
(혹은 나 빼고 다 잘한다, 본인 기준으로)

그래서 울렁증이 생깁니다. 말하기가 겁이 납니다. 나는 배웠는데도 노력을 했는데도 못 하는 사람이 되어 버렸습니다. 내가 문제가 있는 것 같고, 영어를 못 하는 나를 남들이 어떻게 생각할지도 겁이 납니다.

물론, 정말 많이 공부했고, 엄청난 노력을 했는데도, 못하면 부끄러울 수 있습니다. 나 자신이 싫고, 실망감이 들고, 좌절감이 들 수 있습니다.

그럼 도대체 우리가 정말 얼마나, 어떻게 했는데 이렇게 못 하고 있는 걸까요?

스스로 자신의 상태에 대해서 생각해 보기
여러분은 영어에 대해서 어떻게 생각하나요?

영어가 무섭다. _____

영어가 싫다. _____

영어가 무섭지는 않은데, 외국인은 무섭다. _____

틀리는 것이 무섭다. _____

남들이 들을까 봐 창피하다. _____

한국인들과 영어로 대화할 때 겁이 난다. _____

외국인과 대화할 때는 겁이 나지 않는다. _____

영어를 못 하는 나 자신이 싫다. _____

덧

정말로 영어를 배운 적이 없는 사람들도 있었습니다. 가장 기초 부분을 모릅니다. 그런 분들은 영어를 못 하더라도, 영어를 두려워하지는 않았습니다. 영어를 못 하는 것에 대한 부끄러움은 있어도 영어 자체를 두려워하지는 않았습니다. 또한 성격적으로도 무엇이든 낯선 것들에 대한 두려움이 있는 분들도 있습니다. 그런 분들의 영어에 대한 두려움은 영어 자체에 대한 두려움보다는 성격적으로 모든 것이 두려운 상황이었습니다.

생각해 보기

영어가 무섭다면, 왜 영어라는 언어를 무서워할까요? 왜 영어라는 언어만 무서워할까요?

_____
_____
_____

두 번째
생각해 봅시다.
영어를 왜 배우고 싶나요?

아래 질문에 답해 보세요.

제가 첫 수업에서 항상 묻는 4개의 질문입니다.
여러분도 가볍게 생각해 보시고 적어 보세요.

1. 왜 영어를 배우고 싶나요?
_____

예) 여행 가서 사용하고 싶다. 승진을 위해서 필요하다.

2. 하루에 얼마나 공부할 수 있나요?
_____

예) 하루에 30분씩 공부할 수 있다.

3. 여러분이 원하는 실력만큼 늘기 위해서 얼마나 걸릴까요?
_____

예) 1년 정도 하면 어느 정도 말이 될 것 같다. 3개월 정도 하면 영어가 편해질 것 같다. 길게 잡아서 2년 정도면 하고 싶은 말은 다 할 수 있을 것 같다.

4. 여러분의 부족한 점은 무엇이라고 생각하세요?
_____

예) 단어를 몰라요. 어순을 몰라요. 무슨 단어를 먼저 사용해야 할지 모르겠어요. 자신감이 없어요. 외국인이 무서워요.

가장 중요한 문제.
영어를 왜 배우고 싶나요?

여러분은 왜 영어를 잘 하고 싶나요?

너무 뻔한 질문 같지만 제일 중요한 질문입니다. 여러분의 관점이 바뀌기 위해, 그래서 앞으로 방향을 잡고 제대로 영어를 익혀 나가기 위해서 꼭 필요한 질문입니다.

여러분은 영어를 왜 잘 하고 싶나요?

- 해외 여행을 자유롭게 하고 싶다. (다른 사람의 도움 없이, 언어 불편함 없이)
- 외국인들과 대화하고 싶다.
- 여행가서(외국인들에게) 궁금한 것을 물어보고 싶다.
- 남들 다 하니까 나도 하고 싶다.
- 외국인들에게 길 안내를 해 주고 싶다. (한국에서)
- 그냥 평생의 숙원이었다.
- 그냥 말을 잘 하고 싶다.
- 회사에서 필요하다.
- 하고 싶은 말을 다 영어로 표현하고 싶다.
- 영어 책을 읽고 싶다.
- 영화나 영상물을 자막 없이 보고 싶다.
- 자기만족이다.

정말 다양한 사람들의 다양한 이유들이 있지만, 모두가 공통적으로 원하는 것이 하나 있습니다.

대화와 소통

바로 우리가 한국말로 하고 있는 것을 영어로도 하고 싶은 것입니다.

묻고 싶은 것을 물어보고
내 질문에 대한 대답을 제대로 알아듣고
상대방이 물어본 것을 제대로 이해하고
내가 하고 싶은 대답을 제대로 하고
내가 상대에게 주고 싶은 정보를, 내가 상대에게 요구하는 것을 제대로 전달하고,
원하는 것에 대해서 의견을 주고받는, 그런 모든 과정을 우리가 영어로 하고 싶은 것입니다.

대화하기, 소통하기

그리고 당연한 말이지만 무언가를 잘 하기 위해서는 그것을 많이 해 봐야 합니다.
피아노를 잘 치기 위해서 피아노를 많이 쳐 봐야 합니다.
춤을 잘 추기 위해서 춤을 많이 추어 봐야 합니다.
요리를 잘 하려면 요리를 많이 해 봐야 합니다.

우리가 진정으로 하고 싶어하는 것인 **잘 묻고, 잘 듣고 이해하기 위해서는, 그걸 많이 해야 하는 것입니다.** 우리는 그동안 가장 중요한 이것

을 안 하고 있었습니다. 아니, 그렇게 해야 한다는 사실을 몰랐습니다.

그런 건 이미 잘 알고 있다고 하는 분들도 많이 있습니다. 그럼 늘 수 있는 방법을 알고 있으면서, 말이 늘지 않는 방법을 선택하고 오랜 세월 시간과 에너지를 낭비하면서 스트레스를 받고 있는 것이 됩니다. 왜 그럴까요?

과연 피아노를 연주는 안 하고 악보만 외우면서 수년 뒤에 왜 피아노를 못 칠까 하고 스트레스 받는 사람이 있을까요?

요리를 절대 안 해 보면서 레시피만 외운 다음에 나는 왜 요리를 못 할까? 하고 스트레스 받는 사람이 있을까요?

많이 해 봐도 안 되는 경우는 있어도 해 보지 않으면서 안 된다고 답답해하는 사람은 없습니다.

우리는 잘 듣고 잘 말하고 싶으니까, 들은 것을 입으로 꺼내서 말해 보고, 다른 사람이 말한 것을 듣고 따라서 말하기를 많이 해야 하는 것입니다.

앞으로 설명을 더 드리겠지만, 표현, 단어, 문법 암기가 중요하지 않다는 말이 아니라, 듣고 말하는 것이 더 중요하다는 뜻입니다. 무엇을 가지고 어디서 누구에게 배우든 간에, 배운 것을 입에 붙여서 나오게 해야 하는 것입니다. 무엇을 배우더라도 입과 귀에 붙여서 내 것으로 만들어야 하는 것입니다.

왜?

여러분은 말을 하고 싶은 거지, 단순 암기를 해서 시험을 잘 보고 싶은 것이 아니니까요. 아는 것이 입에서 안 나오면 더 말을 해 보려고 해야 하는 것입니다. 그리고 나서, 아주 간단한 것부터 대화를 하려고 해야 합니다. 기본적인 것을 익히고 나서 그것을 가지고 말을 해 봐야 내 입에서 자연스럽게 나오고, 영어라는 언어와 친해질 수 있으니까요.

독학을 해도, 스터디 그룹에 가도, 학원을 다녀도, 개인 과외를 해도, 동영상 강의를 보더라도, 아주 조금밖에 몰라도, 일단 아는 것은 자꾸 입에서 꺼내서 자연스럽게 만들어야 합니다. 그것이 여러분의 목적이니까요.

앞으로 이 책을 읽는 내내, 그리고 다 읽고 나서 여러분이 어디에서 무엇을 가지고 누구와 공부하든 절대 잊지 마세요.

여러분은 대화와 소통을 하고 싶어서 영어를 배운다는 것
　영어라는 언어를 가지고 말을 하고, 대화를 하고 싶어한다는 것
　즉, 그걸 잘 하기 위해서, 많이 듣고 많이 말을 해야 한다는 것

스스로에게 물어보세요.
그렇다면 아는 것이 입에서 안 나오는 이유는 무엇일까요?

Q 1)
글로 써 있는 것을 보면, 단어도 알고, 표현도 알고, 문법도 알고, 해석도 되는데, 말을 하려고 하면 안 나오는 이유는 무엇일까요?

Q 2)
해석은 되는데 안 들리면 무엇을 해야 하는 걸까요? 단어, 표현, 문법을 더 공부해야 하는 걸까요? 더 들어야 하는 걸까요?

Q 3)
다른 사람이 말하면 뭐라고 했는지 알겠고 의미도 알겠고 참 쉽고 간단하게 말을 잘 하는데, 내가 말을 하려고 하면 안 나오는 이유는 무엇일까요?

Q 4)
알고 있는 것이 입 밖으로 안 나오면 더 알아야 하는 걸까요? 알고 있는 것을 입 밖으로 나올 수 있도록 연습해야 하는 걸까요?

Q 5)
예전에는 말할 수 있던 것이 지금은 안 나오면 더 알아야 하는 걸까요? 알던 것을 연습해야 하는 걸까요?

세 번째
생각해 볼 문제 - 우리는 얼마나 공부를 했을까요?

여러분은 지금까지 영어 공부를 얼마나 했을까요?

> 적어 보기

_____

_____

How many hours can you study English a day?
"하루에 몇 시간 공부할 수 있나요?"

대부분은 하루에 30분 혹은 1시간 정도 할 수 있다고 대답합니다.

그럼 계산을 해 봅시다.
여러분이 하루에 1시간 공부를 매일 한다고 가정했을 때,
일주일 동안 일요일은 쉬고 열심히 하면 6시간이 됩니다.

한 달을 4주로 잡고 계산하면, 6 × 4 = 24시간, 즉 하루가 됩니다.
하루에 1시간씩 한 달을 하면 하루가 되는 것입니다.

이렇게 1년 동안 매일매일 열심히 공부하면, 1년 뒤에는 12일치가 됩니다. (생각보다 적습니다.)

하루 1시간 × 주 6일 × 4주 = 24일 = 하루

한 달 = 하루

12일 공부하면 얼마나 늘까요?

제 기준으로는 아주 많이 늡니다. 12일을 꽉 채워서 했으니까요.

자는 시간 쉬는 시간 등을 제외하고 하루 12시간을 공부한다고 했을 때 24일치가 됩니다.

24일 동안 자고 먹고 쉬는 시간 제외하고 영어만 했는데 늘지 않으면 이상합니다,

그런데 여기서 대부분의 사람들은 이렇게 생각합니다.

"나 1년 공부했는데 이것밖에 안 늘어?"

"나 12일치밖에 안 했어"라고 생각하지 않고, "1년 동안 공부했어"라고 생각합니다.

게다가 대부분은 위 계산처럼 하루에 1시간을 꽉 채워서 매일매일 하는 것이 아니라, 하루에 10분 정도, 혹은 일주일에 10분 이 정도만,

아주 가끔씩 하고 나서도 똑같이 말합니다.

"나 1년 공부했는데 이것밖에 안 늘어?"

하루 10분을 해도, 일주일에 10분을 해도, 일주일에 1시간을 해도, 주 3회 학원을 가도 1년 뒤에는 똑같이 말합니다.

"나 1년 공부했는데 이것밖에 안 늘어?"

정말 얼마나 했는지를 생각하지 않고, 그 '기간'만 생각합니다.

여기서 또 다른 문제는 그냥 이런 생각만 하고 멈추는 것이 아니라, 그동안 공부했던 수업 탓, 교재 탓, 프로그램 탓을 한다는 것입니다. 물론 정말 이상하고 효과 없는 수업도 있고 정말 이상한 교재도 있고, 자질이 없는 선생님도 있을 수 있습니다. 하지만 그것과는 무관하게, 우리는 생각보다 **많이** 안 했습니다.

더 큰 문제는 공부하는 과정 동안 계속 그렇게 생각을 하고 있을 것이기 때문에 1년 동안 꾸준히 하지 못하고, 중간에 멈춥니다. 문제가 있고 효과 없는 것을 계속 하고 싶지 않으니까요. 때로는 그 기간이 한 달이 안 될 때도 있습니다.

그렇게 잠시라도 하던 것을 멈추고, 다른 방법, 다른 학원, 다른 수업, 다른 프로그램을 찾아 나섭니다. 또한, 지난 짧은 기간 동안 공부하느라 힘들었으므로, 잠깐 혹은 공부했던 기간보다 더 오랜 기간 동안 공부를 멈추고, 그동안 했던 것도 잊어버립니다. Reset 되어 버리는 거죠. 공부를 했다는 그 **기억**과 **기간**만 기억합니다.

그리고 나중에는 이 기간도 공부한 기간으로 포함시킵니다, 그러니 우리는 항상 **10년, 20년 공부했는데도 못 한다**라고 말하는 겁니다. 10년 동안 매일매일 하루 12시간씩 한 것도 아닌데 말이죠.

외국에 나가서 공부를 하면 **빨리** 실력이 향상됩니다. 왜 그럴까요?

외국에 나가서 아침 9시부터 밤 9시까지 정말 열심히 공부를 한다고 가정을 해 보겠습니다. 그럼 하루에 12시간입니다. 한국에서 하루에 1시간씩 공부하는 사람들의 12배를 하고 오는 겁니다. 외국에서 공부 1년은, 한국에서 1시간씩 하는 사람의 12년치가 됩니다. 괜히 빨리 느는 것이 아니랍니다. 많이 듣고 많이 말했으니, 당연한 결과입니다.

아침 9시부터 밤 9시까지 12시간!
한국에서 하루에 1시간씩 공부한 사람의 12배
1년이 지나면 한국에서 하루에 1시간씩 공부한 사람의 12년치.

예를 들어서 여러분이 전화영어를 하루에 10분씩 주 6일을 했다고 가정해 보겠습니다.

전 개인적으로 전화영어를 아주 좋아하고, 아주 좋은 프로그램이라고 생각합니다, 영어로 말하고 들을 수 있잖아요, 그렇기 때문에 영어를 듣게 하고 말하게 하는 모든 프로그램과 수업과 교재는 좋은 것이고, 그렇지 않으면 안 좋은 것이라고 생각합니다.

그럼 1주일에 1시간, 한 달에 4시간, 1년에 48시간, 즉 이틀입니다.

하루 10분 × 주 6일 × 4주 = 4시간 × 12개월 = 48시간

그런데 마찬가지로 1년 뒤에 이렇게 말합니다.
"나 전화영어 1년 했는데 이것밖에 안 늘었어."(전화영어 안 좋은 것 같아.)
전화영어를 1년 한 것은 맞지만, 실제로 이분이 투자한 시간은 48시간입니다.
(그리고 실제로는 이렇게 하루도 안 빠지고 하지 못했을 수도 있고, 1년 동안 꾸준히 하지 못했을 수도 있습니다.)
그런데 당연하게도 이분도 '전화영어' 탓으로 돌리고, 그건 그만두고 다른 프로그램, 강의, 방법을 찾기 시작합니다. 마치, 본인 영어가 늘지 않은 이유가 전화영어 때문인 것처럼요.
만약 전화영어 말고 다른 것들도 같이 해서, 학습하는 시간을 늘렸다면 아마 이분 실력은 훨씬 많이 늘었을 겁니다. 혹은 전화영어 한 가지만 했더라도, 예습 복습을 충분히 많이 했다면 더 많이 늘었을 겁니다. (여러분 기준 말고 제 기준으로요.)

그런데 그렇게 하는 사람들이 생각보다 많지 않습니다. 그리고 그렇게 했더라도 역시나 기대하고 있는 '1년치' 만큼 늘지는 않으므로, 큰 만족을 하지 못할 수 있습니다.

일반 회화 학원에 가도 마찬가지입니다. 일주일에 3회, 1시간씩 수업을 듣는다고 가정했을 때, 주 3회, 3시간, 한 달을 4주로 잡으면 한 달 동안 12시간. 1년 동안 하면 6일입니다.

하루 1시간 × 주 3회 × 4주 = 12시간

한 달 동안 12시간

1년 뒤에는 6일

그럼, 여러분은 그동안 얼마나 했을까요?

다시 한 번 말하지만,
우리는 생각보다 많이 안 했고, 안 하고 있습니다.

예 1

언젠가 1년 반 정도 저와 수업을 했던 두 학생이 이런 말을 했습니다.
"우리가 여기서 1년 반을 수업 받고 있는데 별로 안 늘었어요."
그래서 계산해 드렸습니다.
여러분이 여기에 오셔서 수업 받는 거 말고는 따로 공부 안 하고 있잖아요. 예습 복습도 안 하고, 숙제도 거의 안 하고.

즉, 여러분은 1주일에 딱 1시간 듣고 말하는 것이 전부인데요, 그럼 6개월 동안 하루 분량, 지난 1년 반 동안 3일 분량을 듣고 말한 것입니다.

당연히 많이 늘 수가 없지 않을까요? 오히려 3일 하신 것 치고는 지금 잘 하시는 것 아닌가요?"

다행히 이 분들은 납득을 해 주셨고, 그 이후로 4년 정도 더 다녔습니다.

예 2

오래 전에 한 학생 분은 유명한 어학원을 주 3회 2시간씩 6개월 정도 다니시고는 '별로 안 늘어서' 그만두고, 6개월 동안 나름 열심히 공부했으니, 6개월 쉬고는 제 수업에 오셨습니다. 그래서 제가 이렇게 말했습니다.

"차라리 그 학원을 안 쉬고 계속 다니셨다면 지금쯤 훨씬 많이 늘었을 텐데요, 아쉽네요.

그 학원에서 6개월밖에 안 하셨으니까요."

그 이후로 저랑 2년 정도 더 공부하셨습니다.

예 3

6개월 정도 수업을 받고 있던 한 분은 이렇게 말했습니다. '왜 이렇게 안 들리고 말이 안 나올까요? 전 영어에 재능이 없나 봐요, 포기해야 할까 봐요.'

그래서 제가 다시 계산해 드렸습니다.

"수업 시간은 1주일 1시간이었고, 예습 복습 거의 안 하시고, 6개월 지났으니 총 공부한 시간은 24시간 정도 됩니다. 안 들리고 말이 안 나오는 것이 정상입니다. 무엇보다, 24시간 공부하고 나면 다 들리고 다 말할 수 있다는 생각이 틀린 것 아닐까요?"

예 4

아주아주 왕왕초보 분이셨는데, 3개월 정도 하면 어느 정도 말이 될 수 있지 않을까 하는 기대감을 가지고 오셨다가, 3주 만에 그만두셨습니다.

예 5

외국에 나가려고 공부 중이던 한 분은 1년이나 수업을 받고 있는데, 여전히 말이 유창히 나오지 않는다고 힘들어하셨습니다. 그래서 자신감도 더 떨어지고, 영어가 싫어지게 되었다고 하셨습니다.

그런데 그분은 직장 다니면서 아주 조금씩 공부를 하고 있었고, 정말 열심히 공부했던 기간은 직장 그만두고 3개월 정도였습니다. 1년 동안 열심히 한 것이 아니라, 3개월 열심히 한 것이었습니다. 그 3개월 동안은 여행, 집안일 등 여러가지 바쁜 일도 많아서, 실제로는 한 달 반 정도였습니다.

* * *

어학연수를 가면 빨리 늡니다. 많이 하고 오게 되니까요. 한국에서 공부를 하는 분들은 영어만 하지 않습니다. 영어 말고 다른 것들을 다 하고 있습니다. 그 모든 것들 속에서 시간을 쪼개서 영어를 하고 있습니다. 하지만 영어를 목적으로 외국에 나가는 분들은 오로지 영어만 하러 나갑니다.

그런데, 주위를 둘러보면 외국에 나갔다 왔는데도 생각보다 잘 하지 못하는 사람도 있습니다. 왜 그럴까요? 그 분이 다닌 학원이 문제일까요? 그분을 가르쳐 준 선생님 잘못일까요? 아니면 교재가 안 좋았던 걸까요?

한국말을 듣고 한국말을 사용해서 그렇습니다. 영어를 많이 사용하지 않아서 그렇습니다. 어디에서 누구에게 무엇을 가지고 배우든, 본인이 듣고 말하지 않으면 효과가 떨어질 뿐입니다.

그럼 이제 과거로 가 봅시다.

여러분은 지금까지 아주 오랜 시간 동안 아주 많이 영어를 공부해 왔다고 생각하고 있습니다. 그렇기 때문에 못 하는 자신이 싫고, 영어에 대한 두려움이 생기고, 울렁증이라는 이상한 병이 생겼습니다. 그런데 정말 여러분은 공부를 많이 했나요?

-정말 하나도 안 했다고 생각한다면, 하나도 안 해서 아무것도 모르는데, 왜 두려워할까 하고 생각해 보길 바랍니다. 그리고 abc부터 배우시길 바랍니다. 영어에 대해서 하나도 모르니까요. 그리고 정말로 한 번도 안 해 본 다른 것도 떠올려 보시고 그것도 두려워하는지 생각해 보길 바랍니다. 예를 들어서 드럼이라든가, 튜바, 프랑스어, 보석세공 이런 것들이요.

위에서 보여드린 것처럼 계산을 해 보세요. 지난 10년간 혹은 20년간 영어 공부를 해 왔다…라고 계산하지 말고, 영어 수업 들은 시간들, 여러분이 따로 공부한 시간들, 특히 **말을 한 시간들** 그것을 모두 계산해 보세요.

예를 들어서
중고등학교 때 1시간씩 주 2회 - 문법과 해석 위주, 말은 거의 안 함.
대학교 때 교양 수업 2~3시간씩 주 2회 정도, 역시 말은 거의 안 함.
기타 학원에서 듣고 말한 시간들
그 이외에 여러분 혼자 했던 시간들, 듣고 말했던 시간들.
다 계산해 보면 아마 생각보다 많지 않을 겁니다.

즉, 여러분은 **생각보다 많이 안 한 분들**입니다.

그래서 **못 하는 것이 당연하다는 것**을 납득해 주길 바란다는 겁니다. 거의 안 했다면 안 했기 때문에 못 하는 것이 당연하고, 많이 했다고 생각했더라도, 실제로는 많이 안 한 것이기 때문에 못 하는 것이 당연합니다.

여러분에게 무슨 문제가 있어서 못 하는 것이 아니라, 별로 안 해서입니다. 불어를 못 하듯이, 일본어를 못 하듯이, 고등학교 수업 때 배운 독일어, 중국어, 일본어를 못 하는 것이 부끄러운 것이 아니듯이, 영어를 배웠지만 못 하는 것이 아니라, 별로 안 해서 못 하는 것일 뿐이라는 것을 **'납득'하고, 당당해지길 바라는 겁니다.**

여러분에게는 아무 문제가 없습니다.

1) 내가 지금까지 한 방법과 양으로는 내가 영어를 못 하는 것이 당연하다는 것이 납득이 되면,
2) 틀릴 수밖에 없다는 것도 받아들이게 되고
3) 틀리고 입에서 잘 안 나오는 것이 당연하다는 것을 받아들이게 되고
4) 실수를 두려워하지 않게 되고(혹은 덜 두려워하게 되고)
5) 그동안 안 해서 못 한 것뿐이니까, 더 하게 되고(기회가 되면)
6) 그럼 틀리든 말든 무조건 '말'을 하게 되고(몰라서 틀리는 것뿐이고, 모르는 것은 잘못이 아니므로)

7) 그렇게 많이 하다 보면 '말'이 자연스러워지고

8) 말이 자연스러워지니, 말을 하는 것에 재미를 느끼게 되고 말을 더 하고 싶어지고

9) 어느 순간 **잘 하게 되는 것**입니다.

10) 여전히 본인 기대치만큼 말을 잘 하지는 못하더라도, 분명 예전보다는 잘 하고 있을 것이며 적어도 영어에 대한 부담감과 두려움은 사라져서 영어 자체에 대한 재미를 느끼고 천천히라도 꾸준히 하게 됩니다.

11) 그리고 그것이 우리가 바라는 것 아닐까요? 조금씩이라도 꾸준히 재미있게 하기.

덧

하루에 10분씩 꾸준히 하면 정말 좋습니다. 그렇게 꾸준히 하는 것 자체가 정말 어려운 일이고, 대단한 일입니다. 하지만, 명심하세요. 1년 뒤에 여러분의 영어는 하루에 10분, 1주일에 1시간, 한 달에 4시간, 1년 뒤에 48시간, 즉, 이틀치가 늘어 있을 거라는 것.

그래서 그 정도에 만족을 하고 꾸준히 가셔야 한다는 것.

만족하지 못한다면, 더 해야 한다는 것, 뿐입니다.

여러분은 지금까지 얼마나 해 보셨나요?

한 번 계산해 보세요.

- 수업에 참석한 시간이 아니라 여러분 입을 열고 말을 한 시간입니다.

초등학교 이전에 영어를 듣고 말한 시간

초등학교 때 영어를 듣고 말한 시간

중학교 때 영어를 듣고 말한 시간

고등학교 때 영어를 듣고 말한 시간

20세 이후에 영어를 듣고 말한 시간

지금 공부하고 있는 시간,

지금 다니고 있는 학원에서 듣고 말하고 있는 시간

_____

네 번째
생각해 볼 문제 - 얼마나 공부해야 여러분이 원하는 만큼 실력이 늘까요?

얼마나 잘 하기를 바라나요?
_____
_____

그 정도까지 늘기 위해서는 얼마나 해야 할까요?
_____
_____

  1년 정도 하면 어느 정도 대화가 될 것 같다고 하는 분도 계시고, 3개월 하면 영어로 대화가 될 것 같다고 하신 분도 계셨습니다. 아주 길게 잡아서 3년 정도 하면 원하는 말은 거의 되지 않을까 하고 기대를 하신 분도 계셨습니다.

  아주 가끔 아주 현실적으로, 객관적으로 판단할 수 있는 분들은 10년 이상을 바라보고 아주 천천히 해야 할 것 같다고 말씀하십니다.

앞에서 계산을 해 보셨으니, 이 책을 읽고 있는 여러분들은 생각이 조금은 바뀌었기를 바랍니다.

여러분은 생각보다 많이 안 했습니다. 그리고 생각보다 훨씬 많이 해야 합니다.

여러분이 서울에서 부산까지 걸어간다고 생각을 해 보세요.
얼마나 걸릴까요?

> 생각해 보기

정확한 시간은 알 수가 없고, 대략적인 시간조차 생각을 못 할 수도 있지만, 과연 **하루 정도** 걸릴 거라고 생각할까요?

가는 길이 쉽지 않을 것입니다. 무척 힘들 수 있습니다. 하지만 하루를 걷고 나서, 아직도 부산이 아니야? 라고 생각하지 않을 겁니다. 가는 길에 힘들어서 포기할 수도 있습니다. 그리고 여러분이 생각보다 오래 걷지 못한다는 것을 깨달을 수도 있고, 생각만큼 쉽지 않다는 것을 깨닫기도 할 겁니다. 하지만 무엇보다 확실한 것은 "서울에서 부산까지 하루 이틀이면 걸어갈 수 있을 거야"라고 생각하고 출발하지 않습니다.

우리는 이미 출발 전부터 오래 걸릴 것을 알고, 힘들 것이라는 것을 알고 계획을 세웁니다.

영어를 공부할 때도 같은 방식으로 생각해 주서야 합니다.

금방 할 수 없습니다. 금방 되는 것이 아니고, 오랜 시간 동안 많은 노력을 해야 하는 것입니다.

영어 말고 다른 것들을 배울 때처럼 길게 생각하고 출발하셔야 합니다. 하루아침에, 조금만 하고 나서 되는 것이 아니라는 것을 전제해야 합니다.

그렇기 때문에 오래 걸리고 힘이 들 수는 있지만 적어도 방향은 그렇게 잡아야 합니다.

해외에서 공부하고 오신 분들

수업을 하다 보면 가끔 외국에서 공부하고 오신 분들이 있습니다. 짧게는 수개월, 길게는 몇 년 다녀오신 분도 만났습니다. 외국에서 영어로 한국어를 가르치던 분도 계셨습니다. 그분들이 영어를 못 했을까요? 아닙니다. 정말 잘 하셨습니다. 미국에서 5년 공부하고 오신 분은 정말 유창하게 잘 하셨고, 호주에서 2년 공부하고 오신 한 분은 정말 자연스러운 영어를 유창하게 구사하셨습니다. 그런데 그런 분들이 왜 공부하러 오셨을까요? 못 해서가 아니라 여전히 부족해서, 더 잘 하고 싶어서 오셨습니다. 영어를 모국어로 사용하는 나라에서 살면서 공부하고 일하면서 익힌 분들도 부족한 것이 있습니다. 모르는 표현도 있고, 표현 못 하는 말도 있었습니다. 그 중에 정말 영어를 잘 해야 한다면 공부를 더 하는 것이고, 그렇지 않고 본인 실력에 만족하면 안 할 뿐입니다. 수년간 외국에서 익혀도 부족한 것은 언제나 있습니다.

물론 대부분의 경우에는 외국에 나가서 공부를 하고 나면 결국 잘 하게 됩니다. 한국에서 공부하는 사람과 같은 기간 동안 해도 더 빨리 늘 수 있습니다. 환경적으로 많이 듣고 많이 말하게 되니, 당연한 결과입니다. 외국이라는 장소 때문에 느는 것이 아니라, 영어를 생활 속에서 계속 사용하고 접하게 되기 때문입니다. 한국에서 하는 것보다 쉽게, 편하게 많이 접하게 되기 때문에 빨리 늘 수밖에 없는 것입니다. 한국에 있는 것처럼 한인 타운에서 한국말을 사용하고 한국말을 듣고, 한국 방송을 보다 오면 영어가 늘지 않습니다 즉, 만약 여러분이 한국에서도 오로지 영어만 하는 목적으로 아침부터 밤까지 영어를 접하고 사용하고 공부하고 연습하고 외국인들을 거의 매일 만나고 영어를 보고 들으려고 한다면 외국에서 어학연수를 한 효과가 날 수 있습니다. 단지, 그렇게 하기가 현실적으로 어려울 뿐이죠.

여러분에게 필요한 것은

특별한 방법이 아닙니다. 더 말하고 더 듣는 것입니다. 그것을 많이 하면 빨리 갈 수 있고, 조금씩 하면 천천히 갈 뿐입니다. 그것을 알고 본인의 속도에 맞춰서 가시기 바랍니다. 그 사실을 알고 출발하여, 가는 길이 힘들더라도 꾸준히 오래 끝까지 갈 수 있길 바랍니다.

다섯 번째
여러분은 영어로 말을 얼마나 많이 해 봤나요?

생각해 봅시다.

첫 번째 - 지금까지 여러분이 영어를 공부하면서 해 온 것은 무엇이었나요?

1) _____
2) _____
3) _____

두 번째 - 아래 사람들한테 어떤 조언을 주고 싶은가요?

1) 춤을 잘 추고 싶은데 어떻게 해야 할까요? 동영상 강의를 보면 될까요?

2) 피아노를 잘 치고 싶은데 어떻게 해야 할까요? 피아노 연주 동영상 보면서 악보 외우면 될까요?

3) 축구를 잘 하고 싶은데 어떻게 해야 할까요? 축구 경기 영상 보면

될까요?

이제는 영어를 공부할 때 정말 많이 해야 한다는 것이 조금 납득이 되었을 겁니다. 이번엔 우리가 또 무엇을 놓치고 있는 건지 살펴보겠습니다.

우리가 영어를 잘 하기 위해서 해야 할 것들이 있습니다. **단어, 표현, 문장구조, 문법, 발음, 억양, 듣기, 상황에 맞게 사용하는 법 등등.**

그럼 보통 여러분이 집중하는 것, 혹은 지금까지 해 온 것들은 무엇인가요?

한국의 교육 환경에서 우리가 집중적으로 해 온 것들은 문제를 풀기 위한 수단으로 단어, 표현 암기, 문법, 문장구조, 듣기 정도입니다. 그리고 그 과정에서 항상 문법 용어를 이용해서 영어를 **이해**하는 것이 가장 먼저였습니다. 문제를 풀기 위해서 영어를 보고 해석하고 듣고 이해하는 것에 집중해 왔습니다.

그래서 단어와 표현도 많이 알고, 글을 보면 해석도 되고, 표현들을 보거나 남이 하는 것을 들으면 쉬워 보이지만, 이상하게도 내가 **말을 하려고 할 때**는 안 됩니다.

피아노를 잘 치려면 피아노를 많이 쳐 봐야 하는 것이고, 요리를 잘 하려면 요리를 많이 해 봐야 하는 것이고, 춤을 잘 추려면 춤을 많이 춰 봐야 합니다.

물론 그 과정에서 따로 해야 할 것들이 아주 많이 있습니다. 피아노라면, 악보 보는 법도 배워야 하고, 악보도 외우고, 코드도 외우고, 많이 들어야 하는 등 해야 할 것들이 많습니다. 하지만 핵심은 피아노를 내 손으로 직접 쳐 보는 것처럼, **내가 직접 해서 익히는 과정**이 기본이 되어야 합니다. 그것이 무엇이던 간에 그 과정이 아주 많아야 잘 할 수 있게 됩니다.

제가 요리 프로그램을 10년간 봤다고 해서, 모든 조리법을 다 외웠다고 해서 요리를 잘 하게 되지는 않습니다. 직접 해 봐야 합니다.

제가 피아노 연주를 아주 많이 들어 봤다고 해서, 악보를 모두 외웠다고 해서 연주를 잘 하게 되지는 않습니다. 직접 연주를 해 봐야 합니다.

하지만, 무엇보다 피아노를 배울 때 "악보만 다 외우면 잘 칠 수 있어"라고 생각하면서 피아노는 손도 안 대고, 악보만 외우고 있는 사람이 없습니다. "노래 가사와 악보만 외우면 노래를 잘 할 수 있어"라고 생각하는 사람도 없습니다.

영어도 마찬가지입니다.

단어 암기, 좋습니다. 무조건 많이 알아야 합니다.

표현 암기, 필요합니다. 역시나 무조건 많이 알아야 합니다.

문법. 당연히 알면 좋습니다. 개인적으로 문법이 필수라고 생각하지는 않지만, 알면 좋습니다.

그런데 그보다 훨씬 많이 해야 하는 것은 듣고, 들은 것을 입으로 말해 보는 것입니다.

눈으로 안다고 해서 입에서 나오지 않습니다. 아는 것과 할 수 있는 것은 다릅니다.

글을 보고 뜻을 맞추는 것과 그것을 직접 말로 해 보는 것은 다릅니다.

그런데 많은 분들이 이렇게 듣고 따라 하면서 익히는 과정을 **특별한 방법**이라고 생각합니다.

- 보통 사람들의 머리 속에서 생각하는 방식 -

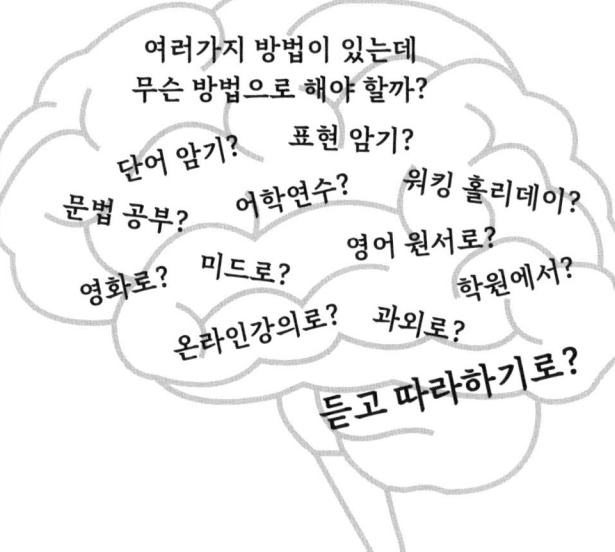

이렇게 듣고 따라하기를 여러 가지 방법 중 한 가지로 생각해 버립니다.

그런데 저 위의 그 무엇을 하더라도 **무조건 듣고 따라하기**가 기본이 되어야 합니다. 영어는 언어니까요. 여러 가지 방법 중 하나가 아니라, 어떤 방법으로 하든 무조건 해야 하는 기본적인 방법이 되어야 합니다.

단어를 외우더라도 발음을 듣고 따라서 반복해야 하고

표현을 외우더라도 발음을 듣고 따라하고 문장 구조 속에서 익혀야 하고

문법을 공부하더라도 문법으로 익힌 문장 구조, 표현 등이 입에 붙을 수 있도록 들으면서 따라서 연습을 해야 하고

어학연수를 가서도 사람들이 하는 말들을 자연스럽게 생활 속에서 듣고 따라하게 되고

영화나 미드로 공부하더라도 그 속에서 배우들이 하는 영어를 듣고 따라 하면서 익혀야 하고

개인 과외이건, 학원에서건 독학을 하더라도 무조건 들은 것을 따라 하면서 입과 귀에서 알도록 익혀야 합니다.

여러분이 노래 학원에 가면 앞에서 선생님이 노래를 부를 겁니다. 그럼 여러분은 따라 부릅니다. 그것은 당연한 겁니다. 왜? 노래는 부르는 것이니까요. 그리고 여러분은 노래를 배우고 부르고 싶어서 갔으니까요. '**노래는 부르는 것입니다**'라고 선생님이 여러분을 설득할 필요가

없습니다.

가끔은 부끄러워서 남들 앞에서 못 부르는 사람이 있을 수도 있습니다. 하지만 그 사람은 학원에서 혹은 사람들 앞에서 못 했으니까, 집에 가서 혼자 연습을 하거나, 노래방 혹은 혼자 있을 수 있는 곳에 가서 연습을 할 것입니다. 그렇게 해야 노래를 잘 할 수 있다는 것을 알고 있으니까요.

노래를 불러 보지 않으면서 잘 하기를 바라는 사람은 아예 없습니다. 노래를 정말 잘 하고 싶은데, 연습을 못 하면, 연습할 상황이 안 되면 속상할 겁니다.

그런데 영어를 배우러 온 사람들에게는 **'영어는 말해야 하는 것이다'** 라는 것을 **설득**해야 합니다. 저도 영어가 언어라는 것을, 언어는 듣고 말하는 것이라는 얘기를 계속 하고 있지만 정말 많은 분들이 쉽게 납득하지 못합니다.

그렇기 때문에 영어로 말을 하고 싶은 사람들이 영어를 공부할 때, 책을 보기만 합니다. 강의를 보기만 합니다. 듣고 보고 있는 것을 수십 번, 수백 번 따라서 해 보려고 하지 않습니다. 배운 것이, 아는 것이 입 밖으로 편하게 자연스럽게 나올 때까지 말하려고 하지 않습니다. 시간을 내서 공부할 때 제일 먼저 하는 것은 눈으로 보고 머리로 이해하는 것입니다. 그리고 나중에 그 말들이 입에서 술술 나올 거라고 기대합니다.

요가를 배우러 가서, 강사님이 하는 것을 보고 오지 않습니다. 따라 하고 옵니다.

골프를 배우러 가서 강사님이 하는 것을 보고 오지 않습니다. 따라 하고 연습하고 옵니다.

영어 역시 그렇게 하면 되는 것뿐입니다. 눈으로 보고 이해하고 나서 **'할 수 있어'**라고 착각하지 말고, 입에 붙을 때까지, 익숙해질 때까지 연습해야 하는 것뿐입니다. 그리고 그 과정은 한두 번으로 되는 것이 아닙니다. 수백 수천 번을 해야 하는 것입니다.

앞서 살펴봤지만, 외국에 나가면 금방 느는 것처럼 느껴집니다. 하지만 특별한 무언가가 있어서가 아니고, 외국에서 생활하는 동안 아주 많이 접하고 사용하기 때문에 느는 것입니다. 외국에 나가는 것의 장점은, 내가 공부라고 생각하면서 하는 것 이외에도, 내 의지와 상관없이 자연스럽게 말을, 대화를 하게 되는 상황이 주어진다는 것입니다.

여러분이 뉴욕으로 어학연수를 간다고 가정해 보겠습니다.

레벨 테스트 후에 여러분 실력에 맞는 반으로 가게 될 것이고, 여러분을 제외한 다른 사람들은 여러분과 비슷한 레벨의 한국인 혹은 다른 나라 사람들일 것입니다. 수업 때 그들과 대화를 하는 경험을 쌓을 수는 있지만, 여러분은 '교실 앞에 있는 선생님'에게 배우려고 간 것입니다. 같은 반에 있는 외국인들과 대화하는 것이 목적이라면 굳이 미국이나 영국이나 호주처럼 영어를 모국어로 사용하는 나라로 갈 필요가 없지요.

잘 생각해 보세요. 이 장면은 **한국에서 원어민이 가르치는 수업의 모습**과 같습니다. 그 수업만을 위해서는 외국에 나갈 필요가 없다는 말입니다.

그럼 왜 외국에 나가면 빨리 늘게 되는 것일까요?

수업 끝나고 밖에 나갔더니, 모두 영어로 말합니다. 그리고 어디를 가나 영어로 말을 해야 합니다. 어디를 가나 들리는 것이 영어이고, 어디를 가나 내가 해야 하는 언어도 영어입니다. 내 노력과 상관없이, 의지와 상관없이 영어를 **듣고 말해야 하는 상황**에 놓이게 됩니다.

언어를 잘 하기 위한 필수 요소인 **듣고 말하기**가 생활 속에서 자연스럽게 이루어집니다.

그렇기 때문에, 외국에 나가서 한국인과 어울리고, 한국 드라마를 보고 오는 사람들은 영어를 못 하는 겁니다. 왜? 한국말을 듣고 한국말을 사용하고 왔으니까요. 한국에서 생활하면서 영어 학원에 다니는 것과 같으니까요.

외국에만 있는 특정 수업 때문이 아니라, 얼마나 많이 듣고 말을 했는지에 따라서 달라진다는 얘기입니다. 수업 시간 때문이 아니고, 수업 이외의 시간에 얼마나 많이 영어를 듣고 말했는지에 달려 있다는 것

입니다. 어디에서 누구한테 배웠는지가 중요한 것이 아니고, 내가 영어라는 언어를 얼마나 접하고 듣고 말했는지가 중요하다는 말입니다.

덧

그리고 여러분이 아주 어릴 때 외국에 나갔다면 수업과 상관없이 여러분은 영어를 모국어처럼 구사하고 있을 것입니다. 모든 환경에서 영어를 접하면서 사용하고 익혔을 테니까요.

예 1

한국에서 공부하면서 외국인 친구들과 어울리는 것 - 나는 따로 공부를 하고 있고, 외국인 친구들과 어울리면서 영어를 듣고 사용하게 됩니다. 즉, 어학연수 효과입니다.

예 2

한국에서 공부하면서 회사에서 외국인과 일하는 것 - 나는 따로 공부를 하고 있고, 외국인 동료들과 일하고 어울리면서 영어를 듣고 사용하게 됩니다. 즉, 어학연수 효과입니다.

덧

예전에 한 학생분이 매일 퇴근하고 집에 가서 EBS 영어 프로그램을 틀어 놓고 보고 듣는다고 했습니다. 그러면서 그렇게 매일 몇 달째 보고 듣고 있는데 왜 영어가 입에서 안 나오는지 모르겠다며 답답해했습니다.

그래서 제가 말했습니다.

"제가 매일 몇 달 동안 요리 프로그램을 보면 요리를 잘 하게 되나요?"

그분은 이렇게 대답하셨습니다.

"요리는 안 되지요. 직접 해 봐야 하지요. 하지만 영어는 보고 듣기만 해도 말이 되지 않아요?"

여섯 번째
생각해 봅시다.
영어와 우리말은 다르다는 사실을 인정하고 받아들이자.

영어와 한국어는 어떤 차이가 있다고 생각하세요?
_____
_____

영어를 할 때 한국어처럼 해도 될까요? 안 될까요?
_____
_____

영어와 우리말은 다른 언어입니다. 다르기 때문에 영어를 그대로 따라 해야 하는 겁니다.

'영어는 우리말과 같을 거야.'

우리가 가지고 있는 모든 어려움의 원인입니다. 영어가 우리말과 같을 거라고 생각하는 것. 그 생각만 이겨 내면 지금까지 여러분이 공부하면서 힘들어했던 거의 모든 문제의 원인이 이해가 되고, 앞으로 어떻게 해 나가야 하는지 알게 될 것입니다.

'영어는 우리말과 다릅니다. 둘 다 언어이긴 하지만 다른 언어입니다.'

다른 구조, 다른 발음, 다른 문화적 배경, 다른 문법, 다른 표현 방식. 모두 다릅니다.

영어는 영어만의 방식이 있기 때문에, 그들의 방식 그대로 받아들여 주어야 하는 것입니다.

한국어에는 한국어만의 방식이 있기에 그대로 받아들여 주는 것과 같은 이치입니다.

단, 우리는 그 규칙들을 잘 모르는 상태로 고민 없이 잘 말하고 있습니다. 학교에서 배운 적이 있지만, 이미 한국말을 잘 하는 상태에서 수업을 통해서 배운 것이지, 말을 익히기 전에 규칙을 먼저 배우지 않았습니다. 무엇보다 한국말을 할 때 그 법칙들을 생각하지 않습니다. 그 규칙들을 잘 모르고 헷갈린다고 해서 한국말을 못 하는 사람은 없습니다.

몇 가지 예를 들어서 설명해 보겠습니다.

예 1

외국인이 한국말을 배울 때 헷갈리는 것 중의 하나가 시간을 말할 때라고 합니다.

2시 2분을 우리말로 읽어 보세요.

우리는 **두 시 이 분**이라고 합니다. 같은 숫자 2인데도 다르게 읽고 있습니다. 앞에 있는 2는 **두**로 읽고 뒤에 있는 2는 **이**로 읽습니다. 여러분은 그 차이와 이유를 설명할 수 있나요? 그 차이를 배운 적 있나요? 우리는 그 차이를 알고서 말하고 있는 걸까요? 그 차이를 모르면 말할 수 없는 건가요?

한국말을 배우고 있는 외국인이 여러분께 "그 차이를 몰라서 한국말을 못 하겠다"라고 말하면서 설명해 달라고 하면 여러분은 뭐라고 해 줄 건가요?

참고로 영어로는 둘 다 two입니다.

(우리말은 다른데 영어로는 같습니다. 우리말이 더 어렵습니다.)

우리는 영어를 배울 때 저런 상황이 나오면, 표를 만들어서 '두'로 읽히는 경우, '이'로 읽히는 경우를 모두 설명을 들어야 하고, 암기를 한 후 한참 뒤에서야 '말'을 해 봅니다. 저 차이를 이해를 못 하면, 말을 못 한다고 생각합니다. 그리고 여전히 '이해가 안돼서 못 하겠다'라고 말하고 있는 겁니다. 일단 따라서 말해 보면 내 것이 되는데도 말이죠.

예 2

한 해, 올 해라고 하면서 왜 작년이라고 할까요? 왜 작해라고는 안 할까요?

영어로는 모두 year인데 우리말로는 다릅니다.

(우리말은 다른데 영어로는 같습니다. 여기서도 우리말이 더 어렵습니다.)

만약 외국인이 "너희는 왜 그렇게 해? 헷갈리게?" 라고 묻는다면, 여러분은 뭐라고 대답해 줄 건가요?

예 3

우리는 아침 먹자라고 합니다. 아침밥 먹자라고 하기도 하고, 아침 먹자라고 할 수도 있습니다.

그런데 영어로 아침은 morning입니다. 아침밥은 breakfast입니다. 엄연히 아침과 아침밥은 다릅니다.

그런데 왜 우리는 아침이라는 한 단어로 말할까요? 헷갈리게요? 아니, 여러분은 한국말을 하면서 단 한 번이라도 헷갈려 본 적이 있나요? 외국인이 여러분에게 "왜 한 단어를 두 가지 의미로 사용하는지" 물어 보면 설명해 줄 수 있나요?

실제로 수업 때 **아침 먹었다**를 I ate morning 하시는 분들도 계십니다. 우리말 그대로 옮겨서 나오는 실수입니다.

그리고 이 부분 또한 영어를 배울 때 한국의 학습자들이 정말 많이 힘들어하는 부분 중 하나입니다. 한 단어가 여러 가지 의미를 갖는 것이요. 영어에서 가장 많이 사용되는 단어 중 하나인 take도 상황에 따라서 정말 다양한 뜻을 가지고 있습니다. 그런데 그건 영어가 한국말처럼 언어라서 그렇습니다. 언어이기 때문에 이렇게 **상황과 문맥**에 따라서 의미가 달라지는 것이 **정상**입니다.

우리가 **아침**이라는 단어가 어떻게 사용되었는지 헷갈리지 않는 이유는 그 단어가 상황 속에서 사용이 되기 때문입니다. 아침이라는 단어가 혼자 있으면 이건 morning으로 받아들여질 수밖에 없습니다. 그래서 문맥 속에서 익혀야 하는 것이고, 단어의 뜻만 외우는 것은 효과가 떨어진다는 말입니다.

예 4

우리는 "머리 잘랐어"라고 말합니다. 그런데 머리는 head고, 우리가 자른 건 hair입니다. 그리고 내가 직접 자른 것이 아님에도 불구하고 마치 내가 자른 것처럼 말합니다.

머리 잘랐어.

머리 아파.

이 두 문장에서 머리는 다른 걸 의미합니다.

영어로는 hair 머리카락, head 머리로 엄연히 다릅니다.

우리는 왜 우리말은 이렇게 이상하게 사용하고 있는 걸까요? 아니,

정말 우리가 한국말을 이상하게 사용하고 있는 건가요?

예 5
연음에 대해서

못했어를 발음해 보세요.
소리나는 대로 써 보면, 모태써가 됩니다.
왜 한국인들은 못/했/어라고 적어 놓고, 모/태/써라고 발음하나요? 발음 법칙을 모르면 저렇게 발음을 못 하나요? 아이들은 발음을 하기 전에 한국어 발음 법칙을 배운 건가요? 여러분은 저 원리를 설명할 수 있나요? "왜 한국어는 철자랑 발음이랑 달라?"라고 외국인이 물어본다면 여러분은 뭐라고 설명해 줄 건가요?

여러분은 왜 영어를 발음할 때 들리는 대로 따라 하지 않고 철자를 읽으려고 하나요?

* 많은 한국인들이 영어 발음을 할 때 어렵다고 합니다. 철자를 보면서 그대로 읽으려고 하니 어려울 수밖에 없습니다. 그것이 단어이든 문장이든 오디오를 듣고 들리는 대로 따라서 발음하면 됩니다. 그래서 어릴 때 듣고 따라서 영어를 익힌 아이들의 영어가 자연스럽습니다.
한국말도 써 놓은 것과 다르게 발음이 되고, 다르게 발음하고 있는 것처럼 영어도 마찬가지입니다. 그렇구나, 하고 들리는 대로 따라 하면 되는 것입니다.

위의 모든 상황에서 외국인 친구에게 해 줄 수 있는 최선의 대답은, **한국말은 원래 그래**입니다.
즉, 영어를 접할 때도 **영어는 그렇구나**라고 생각해 주면 됩니다.
우리말에는 우리만의 법칙이 있듯이, 영어에는 영어만의 법칙이 있으니 '왜?' 가 아니라 '그렇구나' 하고 받아들여 주자는 겁니다.

우리가 자음동화와 구개음화의 원리를 설명할 수 있어서 한국말을 할 줄 아는 것이 아닙니다. 물론, 학교에서 배우긴 했지만 이미 한국말을 잘 하고 나서 배운 것입니다. 하나의 과목으로 배운 것이지 우리말을 더 잘 하기 위해서 배운 것이 아닙니다. 우리가 문법 설명을 하지 못한다고 해서 한국말을 못 하는 것은 아닙니다. 문법을 몰라도 한국말을 하는 데는 아무 문제가 없습니다.

물론, 국어 문법을 알고 있어서, 설명을 해 줄 수 있는 사람도 있을 겁니다. 그리고 그것을 알면 분명 모르는 것보다는 도움이 될 수 있습니다. 하지만 저처럼 한국어 문법을 몰라도, 한국어 문법을 설명을 할 수 없어도 한국말을 하는 데 전혀 문제가 없다는 사실은 변함이 없습니다. 문법을 안 배워도 말을 할 수 있다는 사실은 변함이 없습니다.

우리말에서도 우리가 잘 모르고, 설명 못 하고 납득 못하는 것들이 많이 있습니다. 그리고 우리는 그것들에 대해서 의심도 안 하고, 이상하다고 생각도 안 합니다. 그냥 당연한 거라고 생각하고 있습니다. 받아들여 줬습니다. 왜? 그것이 한국어니까요. 이렇게 우리가 한국말을 익힐 때 했던 방식을, 똑같이 영어를 배울 때도 적용해 주면 됩니다.

영어를 배우면서 어떤 표현을 말하고 싶을 때마다 막막해지는 순간이 옵니다. 배울 때도 도저히 이해가 안 되고 헷갈리는 부분들이 나옵니다. 그럴 때마다 생각해 주세요.

한국말에 대해서 외국인이 물어보면 나는 뭐라고 대답해 줄 것인가?
내가 외국인 친구한테 한국말을 가르쳐 준다면 어떻게 하라고 가르쳐 줄 것인가?
과연 자음동화 구개음화를 외우라고 할 것인가? 발음체계에 대해서 먼저 공부하라고 할 것인가?
아니면 일단 따라서 말해 보라고 할 것인가?
거기에 여러분이 영어를 공부하면서 힘들어했던 부분에 대한 답이 들어 있습니다.

법칙. 알면 좋습니다. 문법이 필요 없다고 말하는 것이 아닙니다. 궁금해하지 말라는 말이 아닙니다. 많이 궁금해하고, 많이 알면 당연히 좋은 겁니다. 단, 그렇게 함으로써 여러분이 영어를 익히는 과정에서 스트레스를 받고, 힘들어하고, 어려워하고 있고, 헷갈려 하고 있고 결국 영어로 말을 못 하고 있으니까, 방향을 잡아 주려는 겁니다.

일단 다 알아야 말을 할 수 있어라는 생각을 가지고 지금까지 오랜 시간 동안 공부해 왔는데 여전히 말을 못 하고 있거나, 여전히 영어를 할 때 힘들어 하고 있기에, 이제라도 방향을 틀어 보려는 것입니다. 방향을 바꾸고 난 후에는 여러분이 공부하고 싶은 대로 마음대로 해도 됩니다. 여러분이 공부하고 싶은, 어느 방법도 다 좋습니다.

영어는 남의 언어입니다. 우리말과는 다른 언어입니다.
우리말에는 우리말만의 법칙이 있고, "우리말은 원래 그래" 라고 생각하듯이
 영어도 영어만의 법칙이 있기에, "영어는 원래 이래" 하고 받아들여 주자는 말입니다.

직접 해 봅시다.
알고 있는 것과 말할 수 있는 것은 다릅니다.

알고 있는 것과 할 수 있는 것은 다르다는 것을 알기 위해 잠깐 연습해 보겠습니다.

지금 여러분이 있는 곳 주변을 둘러보세요.
눈에 보이는 물건들을 영어로 말해 보세요.
그리고 그 단어들이 들어가는 말을 해 보세요.

여섯 번째 생각해 봅시다. 영어와 우리말은 다르다는 사실을 인정하고 받아들이자.

무슨 말이라도 괜찮습니다.

보이는 물건들을 영어로 써 보기

한국어

_____
_____
_____

영어

_____
_____
_____

말로 해 보기

1. _____
2. _____
3. _____
4. _____

모른다고 생각하는 단어가 있다면 적어 보기

──── , ──── , ──── , ──── , ──── , ────

그 단어를 사전에서 검색해 보세요. 정말 모르는 단어였다면 지금 배우면 됩니다.

그리고 그 아는 단어들, 몰랐던 단어들의 발음도 들어 보세요. 발음 기호를 보고 읽으려고 하지 말고, 발음을 들어 보세요. 여러분이 알던 발음과 같은가요? 다른가요?

여러분이 생각했던 발음처럼 들리나요?

알던 것이었다면 깨달으면 됩니다.
알고 있다고 입 밖으로 나오는 것이 아니구나.

* * *

지금 제 주변에 보이는 물건들은
laptop 노트북,
chair 의자,
desk 책상,
table 탁자,
coffee 커피,

cup 컵,

book 책,

pencil case 필통,

English book 영어책,

monitor 모니터,

phone 전화기,

bread 빵 등입니다.

이 단어들을 이용해서 대략 아래와 같은 말들이 가능합니다.

I am sitting on the chair.

I am reading a book.

I have a desk.

I have a chair.

I am studying English.

I want to eat bread.

I have a phone.

It's hot in the room.

My room is good.

There are books on the desk.

There is a phone on the table / desk.

아래에 있는 단어 중에서 모르는 것이 있는지 확인해 보세요. (가능하면 소리 내서 읽어 보세요)

I, you, he, she,

Am, are, is, not,

Go, home, like coffee, live, do, don't, did, didn't.

Where, who, how, what, when, why, what time,

Have, brother, sister,

Want to, have to,

Today, how old, get up,

아래 말들을 영어로 해 보세요. (머리로 생각만 하지 말고 입 밖으로 뱉어 보세요)

나 집에 가고 싶어.

나 커피 안 좋아해.

오늘 몇 시에 일어났어?

지금 일 하고 있어?

쟤는 몇 살이야?

너네 언니는 몇 살이야?

너네 오빠는 어디 살아?

너 지금 가야 돼?

바로 나오나요? 아님 헷갈리나요? 답은 다음 페이지에 있습니다.

나 집에 가고 싶어.
I want to go home.

나 커피 안 좋아해.
I don't like coffee.

오늘 몇 시에 일어났어?
What time did you get up today?

지금 일 하고 있어?
Are you working now?

쟤는 몇 살이야?
How old is he?

너네 언니는 몇 살이야?
How old is your sister?

너네 오빠는 어디 살아?

Where does your brother live?

너 지금 가야 돼?
Do you have to go now?

어떤가요? 여러분이 절대로 하지 못할 말들이었나요?
여러분이 한 번도 배운 적이 없는 언어처럼 느껴졌나요?

한글을 보자마자 영어로 입에서 바로 잘 나왔다면 기초를 공부해 봤고, 말을 조금이라도 해 본 경험이 있는 분들입니다. 하지만 단어들은 알고 있는데 입에서 나오지 않는다면, 혹은 머리 속에서는 대강 알 것 같은데 입에서 나오지 않는다면 무엇이 문제인 걸까요?

입에서 안 나올 수도 있습니다. 그런데 중요한 것은 **왜 안 나올까?** 입니다. 혹시 모르는 단어나 표현이나 문법적인 것이 있었나요? 몰라서 안 나온 거라면 괜찮습니다. **모르는 것은 배우면 됩니다.** 그런데 답을 봤더니 아는 것인데 입에서는 안 나온 거라면요? 해석도 되고, 왜 그렇게 말해야 하는지 문법적 요소들도 다 알고 있다면요? 여전히 '**내가 말을 못 하는 이유는 많은 단어와 표현과 문법을 몰라서 그래**'라고 생각하고, 더 많은 단어와 표현을 외우고 문법을 공부할 건가요?

여섯 번째 생각해 봅시다. 영어와 우리말은 다르다는 사실을 인정하고 받아들이자.

우리는 영어를 공부할 때, 일단 눈으로 보고, 해석을 하거나 영작을 합니다. 그리고 '아는 것'이면 넘어갑니다. 왜? 알고 있으니까요.

여기서 우리는 조심해야 합니다.
알고 있다고 해서 내 것이 아니라는 것.

알고 있다면 당연히 입에서 나와야 한다는 사실을 이해하고 납득하는 겁니다. 그래서 알지만 안 나오는 것들이 입에서 나오도록 **연습**해야 한다는 사실입니다. 축구 선수의 동작을 보고서, 그것이 무슨 기술인 줄 안다고 해서, 내가 그것을 할 수 있고, 잘 하는 것은 아닙니다. 내가 그것을 잘 하려면 직접 연습을 해야 합니다. 내 몸에서 알 때까지요.

모르는 동작이면 배워야 합니다. 그 과정에서 영상을 보면서 따라서 할 수도 있고, 누군가에게 배울 수도 있습니다. 하지만 배운 후에는 **연습**해야 합니다. 내 몸에서 알 때까지요.

그리고 우리는 그 연습하는 과정을 **당연**하다고 생각합니다. 연습을 해야 내 것이 된다는 것을 알고 있고, 연습을 안 하면 내 것이 되지 않는다는 것을 알고 있습니다.

영어는 언어입니다.
입과 귀에서 알아야 합니다. 입과 귀에서 알 때까지 연습해야 합니다. 그것이 당연한 과정입니다. 아이들 영어책을 펴 보면, 문장도 짧고 내용도 쉽습니다. 그림도 있어서 이해하기도 편합니다. 그렇기 때문에 읽기 쉽고 이해도 쉽게 되고, 그렇기 때문에 많은 왕초보 분들은 안 읽으려고 합니다. 왜? 쉬우니까요. 눈으로 보면 다 아니까요. 우리가 지금까지 공부를 해 온 목적은 '이해'였으니까요.

그럼 저는 그 왕초보 분들에게 이렇게 말해 봅니다.

"지금 읽은 책에 나온 것처럼 말해 보세요."

그럼 그분들은 과연 쉽게 말할 수 있을까요?

여러분은 쉽게 말할 수 있나요?

내용과 단어와 표현을 안다고 해서 내 것이라는 말이 아닙니다. 아는 것이라도 말할 수 있고, 들을 수 있어야 내 것입니다. 그때까지 연습해 주셔야 합니다.

우리가 무언가를 배웠던 그 시간이 있습니다. 그 때 우리는 그것들을 입과 귀에 익숙하도록 연습했어야 했습니다. 안타깝지만 우리는 그것을 못 했고, 못 하고 있습니다. 그렇게 지나 버린 것은 어쩔 수 없고, 대신 앞으로 제대로 해 나가면 됩니다.

배웠으니, 안다고 생각하지 말고, 연습을 하면 됩니다.

그리고 앞으로 새로 배우는 것들도 배울 때마다 항상 입과 귀에서 익숙해질 수 있도록 연습을 해 나가면 됩니다.

그렇게 해 나갈 수 있길 바랍니다.

더 연습해 보기

아래 문장들을 영어로 말해 보세요.

모르는 단어는 찾아봐도 됩니다. 몰랐던 것이라면 배우면 되는 것이고 알던 것이라면 이번 기회에 다시 보면서 익히면 됩니다. 단 우리가 정말로 몰라서 못 하는 것이 아니라는 것을 깨닫고 아는 것을 잘 할 수 있도록 연습을 해 나가면 됩니다.

너 몇 살이니?
너 어디 살아?
너네 언니는 몇 살이야?
너 뭐 좋아해?
너 커피 좋아해?
이거 어디서 살 수 있어요?
이 카페는 어디에 있나요?
버스는 어디서 타야 하나요?
버스 정류장은 어디에 있어요?
이거 얼마예요?
이거 비싸네요.
3시까지 올게요.
이거 먹어도 되나요?

답

너 몇 살이니?

How old are you?

너 어디 살아?

Where do you live?

너네 언니는 몇 살이야?

How old is your sister?

너 뭐 좋아해?

What do you like?

너 커피 좋아해?

Do you like coffee?

이거 어디서 살 수 있어요?

Where can I buy this?

이 카페는 어디에 있나요?

Where is this café?

버스는 어디서 타야 하나요?
Where can I catch the bus?

버스 정류장은 어디에 있어요?
Where is the bus stop?

이거 얼마예요?
How much is it?

이거 비싸네요.
It's expensive.

3시까지 올게요.
I'll be here by 3 pm.

이거 먹어도 되나요?
Can I eat this?

일곱 번째
아는 것을 이용해서 말을 하자.
아는 만큼 말을 하면서 말하기를 즐기자.

앞에서 살펴본 바와 같이, 우리는 아는 것을 이용해서 말을 못 합니다. 물론, 단어, 표현을 공부할 필요가 없다는 말이 아닙니다 단어와 표현은 무조건 많이 알아야 합니다.

하지만, '**일단 다 알아야 말을 할 수 있어**'라는 말을 다르게 말하면, 내가 말을 못 하는 이유는 '**다 몰라서 그래**'가 됩니다. 그렇기 때문에 한국에서는 수많은 단어와 표현을 외우고 그것을 엮어 낼 수 있는 문법을 먼저 익히고 있습니다.

정말 모르는 거라면 걱정할 필요 없이 외우면 됩니다. 아무 고민 말고, 눈에 보이는 대로, 무조건 다 외워 버리면 됩니다. 하지만, 우리의 문제는 알고 있는 것, 남이 하면 알아들을 수 있고, 눈으로 보면 아는 것들이 입 밖으로 안 나오는 것 아닌가요? 모르는 것은 몰라서 못 하는 것이 맞지만, 아는 것들도 입 밖으로 안 나오고 있습니다.

물론 그렇게 외우기만 해도 말을 잘 하는 사람들이 있습니다. 네 맞습니다. 그런 사람들의 대부분은 본인 의도와 상관없이 영어를 듣고 말하는 상황에 있는 사람들입니다. 외우기만 하고 **입을 열지 않았는데** 영어를 잘 한다는 것은, 악보만 다 외우고, 피아노를 쳐 본 적이 없는 사람이 피아노를 잘 치는 것과 같습니다. 납득이 되나요?

(그런 천재가 있을 수도 있습니다.)

자, 여기 두 사람이 있습니다.
한국의 성인 그리고 **한국의 5세 ~ 6세 아이.**
이 두 명 모두 한국말을 잘 합니다. 그럼 둘의 한국어 실력에 차이가 있을까요?
차이가 있다고 생각이 된다면, 어떤 차이가 있을까요?

> 적어 보기

예) 어휘력, 표현력, 논리 등등

분명 차이가 있습니다.
한국어를 할 줄 아는 능력의 차이는 없습니다. 모두 한국인이고 한국어가 모국어니까요. 하지만, 표현력과 어휘력 그리고 논리력 등이 다를 수 있습니다. 하지만 아이가 어른보다 단어를 많이 모른다고 해서, 우리는 '**이 아이는 한국말을 못 해**'라고 생각하지 않습니다. 오히려 **아는 것을 이용해서 말**을 하면 '**말을 잘 한다**'라고 말합니다. 무엇보다 아이는 말이 안 막힙니다. 할 말을 다 합니다. 어떻게 그럴 수 있을까요? 우리는 모르는 것이 많아서 말을 못 한다고 생각하는데요?

아이들은 모르는 것은 안 하고, 아는 것만 하기 때문입니다.

단어, 표현을 무조건 많이 알아야 **말을 잘 하는 것**은 아니라는 것입니다.
여러분이 아는 것이 10개라면 그 10개를 가지고도 **말을 하고 있어야** 하고
여러분이 아는 것이 100개라면 그 100개를 가지고도 **말을 하고 있어야** 하는 것입니다.

그렇게 알고 있는 것을 이용하려고 하면, 말이 되기 시작합니다. 그리고 말을 하기 시작하면, 영어가 재미있어집니다. 영어로 말을 하는 것이 재미있어지기 때문에 계속 말하고 싶고, 당연히 영어가 더 늘게 됩니다. 그리고 그것이 우리가 영어를 배우는 목적입니다. 우리는 결국 영어로 **대화**를 하고 싶은 것이니까요.

1. 영어가 재미있어집니다. 내가 배운 것들을 가지고 말을 하고 있으니까요. 그것이 우리가 언어를 배우는 궁극적 목적이니까요.
2. 아는 것을 이용해서 말을 하고 있으니, 답답함이 덜합니다. 모르는 것은 안 하고, 아는 것만 하면 되니까요.
3. 기초가 탄탄하게 쌓입니다. 알고 있던 것들, 기초를 계속 연습하게 되니까요.
4. 모르는 것을 배우더라도, 더 쉽고 편하게 배우게 됩니다. 기초가 쌓이고, 아주 기본적인 대화가 되는 상태이기 때문에, 거기에 조금씩 살을 붙여 나가는 과정이 그다지 어렵지 않게 됩니다.
5. 대화가 되기 때문에, 배운 것을 바로바로 사용할 수 있게 됩니다. 즉, 더 오래 기억에 남고, 활용을 하기 쉬워집니다.
6. 그럼 당연히, 점점 더 할 수 있는 말이 늘어나고, 더 재미있어집니다.
7. 재미있기 때문에, 꾸준히 오래 하면서 실력이 계속 늘게 됩니다.
8. "영어 할 만하네, 결국 연습하는 방법과 노력과 시간 문제였던 것 뿐이었네"라는 생각을 할 수 있게 됩니다.
9. 영어가 만만해집니다.
10. 다른 사람들이 여러분에게 '영어 잘 하시네요'라고 말하기 시작합니다.

그럼 아는 것을 이용해서 어떻게 말을 하면 되는지 간단하게 살펴보겠습니다.

여덟 번째
활용 1 - 활용하는 법에 대해서

생각해 보기

신라면을 끓일 줄 알게 되면, 너구리 라면을 끓일 수 있을까요? 없을까요?

신라면에 계란을 넣어도 된다는 것을 알게 되면, 너구리 라면에도 넣을 수 있게 될까요? 안 될까요?

그럼 계란은 어느 요리에 넣어야 하는 걸까요?

많이 해야 하는 것도 알겠고, 내가 많이 안 한 것도 알겠고, 연습을 해야 하는 것도 알겠다면, 이제는 **어떻게** 연습해야 하는지를 알아야 합니다.

영어는 언어입니다. 한국어도 언어입니다. 다른 언어이지만, 둘 다 언어라는 공통점이 있습니다.

우리말인 한국어에는 한국어의 규칙이 있습니다. 우리는 그 한국어의 규칙을 따라서 말을 합니다. 그걸 벗어나거나 이상하게 사용하면 뜻이 전달이 안 되거나, 어색하고 이상한 말이 되어 버립니다.

이상한 어순과 문법으로 말하는 한국어 예시
싫어 먹고 뭐?
살아 어디?
저 학생이야 친구이 내
몇 시가 자 어제?
이것가 내 책이야.
쟤은 영화 좋아 안.

억지스럽다고 생각할 수 있지만, 여러분이 영어의 규칙을 따라가지 않고, 여러분이 생각하는 방식으로 영어를 말하면, 어쩌면 상대방에게도 이상하게 들릴 수도 있다는 것이 요지입니다.

(물론 단어만 듣고도 상대방이 무슨 말을 하고 싶은지 알 수 있을 때가 있습니다. 우리가 단어만 말해도 상대방이 잘 알아들을 때가 있습니다. 그것은 서로 그 상황을 알고 있을 때, 서로의 상황을 알 때, 그 상황이 뻔할 때입니다. - 여행 가서, 호텔에서, 식당에서 등등 명확한 목적이 있는 곳입니다)

영어에도 영어만의 규칙이 있습니다. 그걸 벗어나거나 이상하게 사용하면 뜻이 전달이 안 되거나, 어색하고 이상한 말이 되어 버릴 뿐입니다. 위에 있는 한국어처럼 이요. 또한 응용을 하기 어려워집니다. 배운 것을 사용할 수 없게 됩니다.

영어는 영어의 규칙을 따르고, 한국어는 한국어의 규칙을 따릅니다. 각자의 규칙이 있을 뿐이고 우리는 그것을 '받아들이고 따라 하면' 되는 것입니다. 당연한 말이라서 쉽게 들리지만 막상 입으로 뱉으려고 하면 쉽지 않습니다.

한국의 아이가
"엄마 밥 줘"를 배우고 나면
엄마 물 줘
아빠 빵 줘
누나 과자 줘
할머니 사과 줘
를 할 수 있습니다.

이 말들을 하기 위해서 필요한 것은 아빠, 누나, 할머니, 과자, 사과 같은 **새로운 단어**이지, **문법과 문장 구조의 이해가 아닙니다.** 들은 그대로 따라서 말을 하기에, 그 말을 할 수 있게 되었고, 같은 구조 속에 새로운 단어를 넣어서 다른 말을 할 수 있게 됩니다. 엄마 아빠 누나 할머니가 같은 자리에 있고, 밥 빵 과자 사과도 같은 자리에 있습니다.

영어로 해 보겠습니다. 아래 한글을 영어로 해 보세요.

나 간호사야

I am a nurse.

I am a nurse가 된다면, '너는 간호사야', '쟤는 간호사야'가 되어야 합니다.
I am, you are, she is, he is를 알고 있으면 되어야 합니다.
모른다면 지금 배우면 됩니다.

You are a nurse - 너는 간호사야.
She is a nurse - 쟤는 간호사야. (여자)
He is a nurse - 쟤는 간호사야. (남자)

위 문장들을 보면 어디가 바뀌는지 보일 겁니다. Nurse 자리에는 어떤 것이 올 수 있을까요?
Nurse 자리에 you가 올 수 있을까요? Nurse 자리에 a가 올까요?
Nurse가 무엇인지 몰랐다면 배우면 됩니다. Nurse는 간호사입니다. 그럼 그 자리에는 어떤 것이 올 수 있을까요? 당연히 nurse와 비슷한 종류의 것이 올 수 있겠지요. Doctor(의사), teacher(선생님), singer(가수) 등입니다. 과연 이것을 문법적 설명을 들어서 이해를 해야 하는 것일까요? 이 단어들을 모르면 배우면 됩니다.

어디가 바뀌는지를 보고 그걸 따라가면 됩니다.
I am 자리에
You are / *she is* / *he is* 가 오고
Nurse 자리에 doctor, teacher가 옵니다.
문법으로 이해하려고 하지 말고 어디가 바뀌는지를 보세요. 무엇이 어디에 오는지를 보세요.
　이 말을 할 때 I am / you are / he is / she is를 모르거나 nurse / doctor / teacher를 모르면 절대 못 합니다. 하지만 내가 아는 단어들이 있다면 저렇게 말할 수 있게 되는 것이 당연한 과정이라는 것을 납득하고, 우리가 아는 것을 활용해서 말을 하게 됩니다.

　무엇보다 '이런 저런 문법 요소가 있기에, 그것들은 이런 저런 자리에 온다'라고 설명을 들을 필요 없이 그냥 할 수 있게 되는 되고, 굳이 문법적으로 왜 그렇게 되는지 알지 않아도, 설명을 안 들어도, 그냥 따라서 할 수 있게 됩니다. 한국의 아이가 들리는 소리들을 그냥 따라서 하듯이. 그래서 철자를 알고 문법을 몰라도 **한국말로 말을 하고 대화** 할 수 있게 되듯이요.

　조금만 연습을 해 보겠습니다. 머리로만 생각하지 마시고 꼭 입을 열

어서 말을 해 봐야 합니다.

How old *are you*? (너 몇 살이야?)

그럼 **쟤는 몇 살이야**? 는 어떻게 하면 될까요? 바로 떠오르고, 입에서 나오나요? 많은 분들이 이렇게 생각합니다. 쟤? 뭘로 시작하지? 앞에는 무엇을 넣지? 무슨 문법을 써야 하지? 시제는? 인칭은? 동사는?

그런데 잘 보세요.
How old *are you*?
여기서 무엇을 바꿔야 하는 걸까요?
너 몇 살이니?
쟤 몇 살이니?
바뀌는 곳은 **너** - **쟤** 입니다.
영어에서도
How old *are you*?
How old *is he*? 가 되면 됩니다.
(위에서 '나 간호사야'를 해 볼 때 했던 부분이고, 이미 알고 있는 문법입니다)

What are you doing?
(너 뭐 하고 있니?)

'너 뭐 먹고 있니?'를 해 보세요. 바로 나오나요?

What are you **eat**ing?

아래 말들도 바로 말해 보세요.

너 어디 가고 있니?
뭐 보고 있어?
쟤 뭐 마시고 있는 거야?

Where are you **go**ing?
What are you **watch**ing?
What is **he/she drink**ing?

여기서 eat, where, go, watch, drink를 모르면 할 수 없지만, 알고 있다면 당연히 나올 수 있어야 합니다. 같은 문법, 같은 구조입니다.

What do you like?
너 무엇을 좋아하니?

그럼 '너 누구를 좋아하니?'를 해 보세요.

Who do you like? 입니다.

이렇게 자리만 바꾸면 무조건 다 맞는 말이 됩니다. 무슨 말이든 됩니다. 여러분이 하고 싶은 말로 바꿔서 말하면 됩니다.

모르는 단어와 표현은 배워야 합니다. 하지만 알고 있는 것은 사용할 줄 알아야 합니다.
내가 원하는 말로 바꿔서 할 줄 알아야 합니다.

입에서 어색할 수 있습니다. 머리로는 이해가 되는데 입에서 어색할 수 있습니다. 여기서 한국의 학습자들은 **틀렸다**라고 생각하기도 합니다. 본인에게 어색하다는 이유로 틀렸다고 생각합니다. 그 부분을 극복하길 바랍니다. '**나에게 어색한 것이 틀린 것이 아니다**'라는 것. 그렇기 때문에 **틀릴까 봐** 못 하는 마음을 이겨 내서 아는 것은 말할 수 있게 되는 것. 오히려 배운 대로 하지 않으면 틀리게 된다는 것. 틀린 것은 배운 그대로 말하지 않는 것들이라는 것. 이 활용하는 법을 익히는 목적이기도 합니다.

무엇보다, 나에게 영어가 어색한 이유는 단 하나입니다. 내가 영어를 많이 접해 본 적이 없는 왕초보이기 때문입니다. 만약 여러분이 신입사원에게 일을 알려 주었더니, 그 신입사원이 '**선배님, 이건 저한테 어색하네요. 그러니 틀린 것 같습니다**'라고 대답하면, 어떤 생각이 들까요? 무엇보다 이렇게 말하는 신입사원이 과연 있을까요? 여러분도 영어에 있어서는 **신입사원**입니다.

아이들은 금방 쉽게 익힙니다. "**왜?**"라고 생각하지 않고, "**어색해서 아닌 것 같아**"라고 생각하지 않고, 들은 대로, 본 대로 따라 합니다. 망설이거나, 틀릴까 봐 걱정하지도 않습니다.

* 이것은 발음에서도 적용됩니다. 내 입에서 어색한 발음이라고 해서 틀린 것이 아닙니다. 내 입에서 그 발음이 어색한 이유는 내가 많이 안 해 봐서 그런 것이지, 내가 들은 그 발음이 틀려서가 아니겠지요. 그럼 어색해지지 않을 때까지 연습을 하면 되는 것입니다.

Where do you live? 를 할 수 있으면
Where does he live? 를 할 수 있어야 한다는 것.

What's your name? 을 할 수 있으면,
What's her name? 도 할 수 있어야 한다는 것.

What are you doing? 을 할 수 있으면
What is he eating? 도
Where is she going? 도

Who is she meeting? 도
Is she eating pizza? 도.

어색해하거나, 틀린 것이라고 생각하지 않고, 자연스럽게 입에서 나오는 것이 당연한 과정이라는 것을 이해하고 겁내지 않고 말하기를 바라는 겁니다.

왜? 아는 말이니까요.

이런 말들이 안 나온다는 것은
"**엄마 밥 줘**"를 배운 한국의 아이가 "아빠 물 줘", "할머니 사과 줘"를 못 하는 것과 같습니다.
그런데 **물과 사과라는 단어를 알고 있는 한국의 아이라면 당연히 할 수 있습니다.**

여러분도 아는 표현과 단어들이 있다면 **그것을 사용할 수 있다**라는 사실을 받아들이고, 아는 것은 말을 하면서 연습을 하길 바라는 겁니다. 그렇게 연습을 하다 보면, 아는 것은 익숙해지고, 입에서 나오게 되고, 자신감이 붙게 됩니다. 여러분도 영어로 말할 수 있다는 자신감이 붙고, 당연히 자신감이 붙으면 말을 더 하고 싶어지고, 더 빠른 속도로 늘게 되는 것입니다. 당연하지요, 말을 많이 하면 많이 늘게 되겠지요.

그 시작이 바로 **활용**하는 법을 납득하고 내가 아는 것을 이용해서 말을 시작하는 것입니다.

한국어는 한국어 방식으로
영어는 영어 방식으로

완벽한 문법에 맞춰서 말을 하자는 것이 아니고, '**어떻게 해야 할지 몰라**'라는 생각을 줄이는 것이 목적입니다. **영어 순서를 따라가면서 영어라는 언어**를 말할 수 있게 되는 것이 목적입니다. 한국의 아이들도 어릴 때 한국말을 완벽하게 구사하지 못합니다. 틀리고 부족한 한국말을 해 나가면서 고쳐 나갑니다. 무엇이 틀리고 무엇이 부족한지도 모른 체로 말을 합니다. 그렇게 조금씩 완성해 나갑니다. 그리고 지금 우리 같은 성인이 됩니다.

여러분도 그렇게 해 나가길 바랍니다.
말을 해 나가면서 '틀린 부분은' 고쳐 나가는 거지요.
모든 것을 완벽하게 배우고 외운 다음에 '10년 뒤에 말하자' 라는 생각은 버리자고요.

특별한 학습법이나, 특별한 문법 공부 방법을 몰라도, 비슷한 구조의 말들이니까, 비슷한 방식의 말들이니까, 그걸 따라서 다른 말들이 나올 수 있도록 해 보세요. 비슷한 문장들을 많이 외워서 외운 것만 하지 않고, 스스로 **말하는 법**을 배워서 더 많은 말을 할 수 있게 되길 바랍니다.

여기서 잠깐 1: 그럼 문법이 필요 없다는 말인가요?

아닙니다. 알면 좋습니다. 그런데 문법을 먼저 많이 익혔는데 말을 못 하는 사람들을 보면, 마치 문법을 완벽하게 몰라서 말을 못 한다고 생각하는 경우가 많았습니다. 하지만 막상 답을 보고 나면 **알고 있는 문법**이라고 합니다. 알고 있어도 사용하지 못하면 무용지물인 것이고, 몰라도 따라서 말하면 말은 할 수 있다는 것입니다.

그래서 무조건 문법만 배우려고 하지 말고, 배운 것들은 사용을 하는 법도 같이 익히자는 것이고, 문법을 모르더라도, 무조건 따라만 한다면, 다른 사람이 하는 대로 말을 하기만 한다면, 말은 가능하다는 것을 알자는 말입니다. 알고 있다고 해서 무조건 말이 되는 것도 아니지만, 모른다고 말이 안 되는 것도 아니라는 말입니다. 보이는 대로 따라 하면 문법과 상관없이 말을 잘 할 수 있습니다. 아이들이 언어를 익히는 과정과 같습니다.

여기서 잠깐 2: 다 외우면 되는 것 아닌가요?

그럼 모조리 다 외우면 되는 것 아닌가 하고 생각하는 분들이 계십니다. 일단, 암기는 좋습니다. 필요합니다. 하지만 한국의 학습자들은 특정한 표현과 문장만을 골라서 외우려고 합니다.

자, '아저씨'라는 영화가 있습니다. 원빈이 주인공인데요, 영화 속에서 원빈은 무술 유단자입니다. 적들을 쉽게 제압해 버립니다. 그 동작도 진짜 고수 같습니다. 그럼 원빈이 정말로 그런 고수의 실력을 가지고 있는 것일까요? 실제로 그런 사람들과 싸워서 이길 수 있는 실력일까요?

한 배우가 영화를 찍습니다. 김연아 역입니다. 영화 속에서 이 배우의 피겨 스케이팅 실력은 김연아와 똑같이 잘 할 겁니다. 그럼 이 배우의 진짜 실력도 김연아와 같은 것일까요?

당연히 아닙니다. 이들은 연기를 한 것일 뿐입니다. 외운 동작들을 할 뿐입니다. 진짜 실력이 아닙니다. 물론 나중에 이들이 무술을 배우고, 피겨 스케이팅을 한다면, 외운 것이 조금 도움이 될 수는 있겠습니다. 하지만 동작을 외웠다고 해서 진짜 할 수 있는 것이 아니라는 사실은 변함이 없습니다.

특정 구문, 표현을 외우면 좋을 수 있습니다. 그런데 그것들은 아직 내 것이 아닙니다. 내가 대화를 하면서 사용해 본 적이 없기 때문입니다. 무엇보다 **그 외운 문장 그대로 사용할 수 있는 상황은 쉽게 오지 않습니다. 내가 처한 상황에 맞게 내가 바꿔서 해야 합니다.** 그것이 진짜 실력입니다. 하지만 우리는 단순하게 **동작**을 외우듯이, **그 문장**만 외우려고 하기 때문에 실전에서 상황에 맞게 제대로 대화를 하지 못합니다.

그것이 바로 단순 암기의 함정입니다.
그럼 이렇게 말하는 사람이 있습니다.
그래도 안 외우는 것보다는 낫지 않나요?

네, 맞습니다. 안 외우는 것보다는 낫습니다.
그럼 여러분은 그렇게 **단순 암기한 문장들 몇 개만** 말할 수 있는 여러분 실력에 **만족**하시나요?
그럼 왜 영어 때문에 그렇게 힘들어하고 있는 건가요?

활용 연습해 보기
주어진 문장을 이용해서 아래 한글을 영어로 옮겨 보세요.
(바로 말로 해 보세요)

1. I like coffee. 난 커피를 좋아해.

내 동생은 커피를 좋아해.
우리 언니는 커피 안 좋아해.
내 친구는 녹차를 좋아해.

2. **My sister is busy.** 내 여동생은 바빠.

우리 오빠는 바쁘지 않아.
우리 언니는 매일 바빠.
내 여자친구는 정말 바빠.

3. Where is your book? 네 책은 어디 있어?
엄마 어디 계셔?
우리 오빠 어디 있어?
내 가방 어디 있어?

4. I have a brother. 난 오빠 한 명 있어.
난 언니 두 명 있어.
쟤는 언니 한 명 있어.
난 언니 없어.

5. I live in Seoul. 난 서울에 살아.
내 친구는 부산에 살아.
우리 언니는 서울에 안 살아.
난 인천에 안 살아.

6. My cup is on the table. 내 컵은 탁자 위에 있어.
내 전화기는 가방 안에 있어.

내 컵은 의자 위에 있어.
내 책은 가방 안에 없어.

7. I don't like pizza. 나는 피자를 안 좋아해.
우리 형은 책을 좋아해.
난 책 좋아해.
쟤는 빵을 안 좋아해.

8. When is your birthday? 너 생일이 언제야?
너네 오빠 생일은 언제야?
너 오늘이 생일이야?
쟤는 생일이 언제야?

9. What do you want to do? 너 뭐 하고 싶어?
너 뭐 먹고 싶어?
커피 마시고 싶어?
영화 몇 시에 보고 싶어?

10. I have to go home early. 나 집에 일찍 가야 해.
난 학교 일찍 안 가도 돼.
나 오늘 일찍 자야 돼.

난 저녁 일찍 먹어야 돼.

11. What are you eating? 너 뭐 먹고 있어?

너 어디 가고 있니?

너 뭐 만들고 있니?

쟤는 뭐 마시고 있어?

12. I am 10 years old. 나는 10살이야.

우리 언니는 20살이야.

내 친구는 25살이 아니야.

우리 오빠는 30살이야.

13. I am drinking coffee now. 나 커피 마시고 있어.

우리 엄마는 요리하고 있어.

내 동생은 운전 중이야.

내 여자친구는 티비 보고 있어.

14. She is not sleeping now. 걔 지금 안 자고 있어.

우리 아빠는 티비 안 보고 계셔.

내 남자친구는 지금 일 안 하고 있어.

우리 엄마는 지금 음악 안 듣고 있어.

15. I want to drink coffee. 나 커피 마시고 싶어.

영화 보고 싶어.

부산에 가고 싶어.

책 읽고 싶어.

답
1. I like coffee. 난 커피를 좋아해.

내 동생은 커피를 좋아해.

My sister likes coffee.

우리 언니는 커피 안 좋아해.

My sister doesn't like coffee.

내 친구는 녹차를 좋아해.

My friend likes green tea.

2. My sister is busy. 내 여동생은 바빠.

우리 오빠는 바쁘지 않아.

My brother isn't busy.

우리 언니는 매일 바빠.

My sister is busy every day.

내 여자친구는 정말 바빠.

My girlfriend is really busy.

3. Where is your book? 네 책은 어디 있어?

엄마 어디 계서?

Where is Mom?

우리 오빠 어디 있어?

Where is my brother?

내 가방 어디 있어?

Where is my bag?

4. I have a brother. 난 오빠 한 명 있어.

난 언니 두 명 있어.

I have two sisters.

쟤는 언니 한 명 있어.

She has one sister.

난 언니 없어.

I don't have a sister.

5. I live in Seoul. 난 서울에 살아.

내 친구는 부산에 살아.

My friend lives in Busan.

우리 언니는 서울에 안 살아.

My sister doesn't live in Seoul.

난 인천에 안 살아.

I don't live in Incheon.

6. My cup is on the table. 내 컵은 탁자 위에 있어.

내 전화기는 가방 안에 있어.

My phone is in the bag.

내 컵은 의자 위에 있어.

My cup is on the chair.

내 책은 가방 안에 없어.

My book is not in the bag.

7. I don't like pizza. 나는 피자를 안 좋아해.

우리 형은 책을 좋아해.

My brother likes books.

난 책 좋아해.

I like books.

쟤는 빵을 안 좋아해.

He doesn't like bread.

8. When is your birthday? 너 생일이 언제야?

너네 오빠 생일은 언제야?

When is your brother's birthday?

너 오늘이 생일이야?

Is today your birthday?

쟤는 생일이 언제야?

When is her/his birthday?

9. What do you want to do? 너 뭐 하고 싶어?

너 뭐 먹고 싶어?

What do you want to eat?

커피 마시고 싶어?

Do you want to have some coffee?

영화 몇 시에 보고 싶어?

What time do you want to see a movie?

10. I have to go home early. 나 집에 일찍 가야 해.

난 학교 일찍 안 가도 돼.

I don't have to go to school early.

나 오늘 일찍 자야 돼.

I have to go to sleep early today.

난 저녁 일찍 먹어야 돼.

I have to eat dinner early.

11. What are you eating? 너 뭐 먹고 있어?

너 어디 가고 있니?

Where are you going?

너 뭐 만들고 있니?

What are you making?

쟤는 뭐 마시고 있어?

What is she/he drinking?

12. I am 10 years old. 나는 10살이야.

우리 언니는 20살이야.

My sister is 20 years old.

내 친구는 25살이 아니야.

My friend is not 25 years old.

우리 오빠는 30살이야.

My brother is 30 years old.

13. I am drinking coffee now. 나 커피 마시고 있어.

우리 엄마는 요리하고 있어.

My mom is cooking now.

내 동생은 운전 중이야.

My sister is driving now.

내 여자친구는 티비 보고 있어.

My girlfriend is watching TV.

14. She is not sleeping now. 걔 지금 안 자고 있어.

우리 아빠는 티비 안 보고 계셔.

My father is not watching TV.

내 남자친구는 지금 일 안 하고 있어.

My boyfriend is not working now.

우리 엄마는 지금 음악 안 듣고 있어.

My mom is not listening to music.

15. I want to drink coffee. 나 커피 마시고 싶어.

영화 보기 싫어.

I don't want to watch a movie.

부산에 가기 싫어.

I don't want to go to Busan.

책 읽기 싫어.

I don't want to read a book.

아홉 번째
활용 2 - 질문에 있는 것은 대답에 있고 대답에 있는 것은 질문에 있습니다.

질문을 듣고 따라서 대답을 문장으로 말하기
대답을 이용해서 질문을 만들어 내기

질문을 들었을 때, 무슨 뜻인지는 알겠는데 대답을 못 하거나, 애초에 대답을 어떻게 해야 할지 모를 때가 있습니다. 남들이 대답을 하면 무슨 뜻인지 다 알겠는데, 내가 하려고 하면 입에서 안 나올 때가 있습니다. 분명 아는 표현, 단어라서 질문의 뜻을 알았는데 대답은 못 할 때가 있습니다.

우리는 영어를 들으면, **단어와 표현**을 골라 듣고, 의미를 유추한 다음에 단어로만 대답을 하거나 외워 놓은 대답을 합니다. 그리고 그렇게 단어와 표현을 골라 듣고 의미를 유추하기 위해서 단어와 표현과 문법을 배워 왔습니다. 그 방법이 틀렸다고 말하는 것이 아니라 그렇게만 하다 보니, 정작 내가 **제대로 문장으로** 말하고 싶을 때 못 합니다. 상대방 말이 길어지면, 그 속에 너무 많은 단어와 표현들이 있고, 그것들을 합쳐서 의미를 유추하기 힘들어지기 때문에 결국 상대방의 말을 **이해를 못 하게 됩니다.** 글로 써 있으면 해석은 되는데, 못 알아듣고, 알고 있는 것도 잘 사용하지 못하고 말을 못 합니다.

첫 번째. 영어로 질문을 듣는다.
두 번째. 한국말로 영어 질문을 이해한다.
세 번째. 한국말로 영어 질문에 대한 대답을 생각한다.
네 번째. 그 한국말로 생각한 대답을 영어로 옮긴다. - 이 과정에서 많은 표현과 어휘 문법이 필요하다고 생각한다.

저는 여기서 두 번째, 세 번째 과정을 생략하려고 합니다.
그럼 영어를 듣고 영어로 대답을 하려고 하면 됩니다.
질문에 있는 **단어, 표현, 순서**를 이용해서요.

영어로 대화를 해 본 사람들을 알겠지만, yes 또는 no로 대답하거나, 단어로 대답하는 것은 쉽습니다. 질문을 들었을 때 대강 의미 파악을 하고 나서, 외워 놓은 대답을 하는 것은 단어와 표현만 조금 외워 놓으면 어느 정도는 가능해집니다.

하지만 우리가 영어를 하면서 힘들 때는 yes나 no 또는 단어로만 대답할 때가 아니라, **내가 먼저 말을 걸 때, 내가 먼저 물어볼 때, 내가 먼**

저 무언가를 설명을 하거나 말을 하고 싶을 때입니다. 그때를 위해서 이렇게 연습을 해 보는 것입니다. **제대로 대답하고 싶어서, 내가 먼저 문장으로 제대로 말하고 싶어서** 이렇게 연습을 하는 것입니다.

이 과정을 이해하고 연습이 되면, 듣기 능력도 문장력도 좋아지고, 단어, 표현 암기도 수월해집니다. 그리고 한국의 학습자들이 가장 못 하는 부분이기도 합니다. 왜? 우리는 이렇게 영어를 접근하는 법을 배운 적이 없습니다.

질문에 있는 단어와 표현은 대답에 있고, 대답에 있는 단어와 표현은 질문에 있습니다.
그래서 **대답을 할 때, 질문을 잘 듣고, 문장으로 말해 보는 연습을 해 보는 것입니다.**

주의
1) 이 방법은 연습을 할 때 필요한 방법입니다. 실전에서는 이렇게 하기도 힘들고 불필요합니다.
2) 물론 남의 말을 귀담아듣고, 배울 때 아주 유용할 수 있습니다. 의미만 이해하고 넘어가지 않고 그들이 사용한 단어와 구조와 표현을 모두 배울 수 있게 됩니다.
3) 원서를 읽을 때, 영화를 볼 때, 미드를 볼 때, 남들과 연습 목적으

로 대화를 할 때, 수업에서 선생님과 연습을 위해서 대화를 할 때, 상대방이 하는 말을 잘 따라 해서 내 것을 만들 수 있게 되면, 다음에 내가 **먼저** 말할 때, 할 수 있게 되는 것입니다.

• 우리가 해 오던 방식 •

영어 질문 듣기
⇩
우리말로 질문 이해하기
이 과정을 위해서 듣기 요령과 단어,
표현을 열심히 익혔습니다.
⇩
대답을 우리말로 생각하기
⇩
그 우리말을 영어로 옮기기
이 과정에서도 단어, 표현, 문법이 필요하기에,
열심히 분석하고 외웠습니다.

여기서 우리말로 생각하고 우리말을 영어로 옮기는 과정을 없애고 바로 영어를 듣고 영어로 말하는 연습을 하는 겁니다.

영어 질문 듣기
⇩
우리말로 질문 이해하기
~~이 과정을 위해서 듣기 요령과 단어,~~
~~표현을 열심히 익혔습니다.~~
⇩
대답을 우리말로 생각하기
⇩
그 우리말을 영어로 옮기기
(질문을 듣고 그 속에 있는 것을 이용해서)
영어를 듣고 영어로 말하기

문장으로 말하기를 연습해 봅시다.

How are you?

I am fine.

I am good.

Are you가 질문에 있으니, 대답엔 I am이 있을 뿐입니다.

대답에 I am이 있다면, 질문에 are you가 있습니다.

Is this your book?

Yes, this is my book.

No, this is not my book.

질문에 is this가 있으므로 대답에 this is가 있습니다.

대답에 this is가 있으므로 질문에 is this가 있습니다.

질문에 your book이 있으므로 대답에 my book이 있습니다.

대답에 my book이 있으므로 질문에 your book이 있습니다.

물론 위 상황에서 상대방이 물어본 책이 나로부터 멀리 있다면 this가 아니고, that이 됩니다.

What are you eating?

I am eating pizza.

질문에 are you가 있으므로 대답에 I am이 있습니다.

질문에 ing의 형태가 있으므로 대답에 ing 형태가 있을 뿐입니다.

(이 문법 용어나 방법에 대해서 잘 몰라도 됩니다. **무슨 의미로 사용되는지**하고 **모양**만 알면 됩니다)

How many hours do you sleep a night?

I sleep 6 hours a night.

질문에 how many hours가 있으므로 대답에 6 hours가 있습니다.

즉 대답에 hours가 있다는 것은 질문에 how many hours가 있다는 말입니다.

문장들을 패턴처럼 외워 놓으면, 내가 할 수 있는 말들이 생깁니다. 좋습니다. 하지만, 상대방의 말을 제대로 듣고, 그에 맞는 제대로 된 대답을 하는 감은 생기기 어렵습니다. 그래서 **듣고 이해하는 감**도 살리기 위해서 **듣고 따라 하는 연습**을 하는 겁니다. 그리고 그럴 때는 언제나 문장으로 하는 겁니다.

들은 것을 따라 하면서 문장으로 말을 하면

1. 들은 것을 가지고 대답을 해야 하므로 잘 들으려고 노력하게 되고, 듣고 이해하는 능력이 향상됩니다.
2. 내가 배운 것을 제대로 들어야 하므로 알고 있는 표현의 복습이 됩니다.
3. 마찬가지로, 말할 때도 문장으로 하므로 말하는 연습도 됩니다.
4. 문장을 길게 말하게 되므로 문장력과 말하기 모두 연습이 됩니다.
5. 듣고 따라 해야 하므로 발음, 억양 등도 조금씩 나아지게 됩니다.
6. 듣고 따라 해야 하므로, 상황도 제대로 이해하게 되고, 상황에 맞게 제대로 사용하게 됩니다.
7. 제대로 된 대답을 하고 질문을 하는, **제대로 대화하는 감**이 생깁니다.

앞서 말했듯이 **실전에서는 이렇게 하기도 힘들고, 이렇게 할 필요도 없습니다.**

하지만 여러분이 영어를 할 때, 답답함을 느끼는 경우는 yes, no를 할 때가 아니라, 상대방 말을 제대로 못 알아들을 때 그리고 여러분의 의사 전달이 제대로 안 될 때입니다. 우리가 영어로 하고 싶은 것은 의사 전달을 제대로 하고, 상대방의 말을 제대로 알아듣고, 제대로 길게 말하고, 상대방이 길게 말하는 것을 제대로 알아 듣기입니다. 그래서 **연습**을 할 때는 이렇게 하자는 것뿐입니다.

덧

한국인들이 가장 많이 헷갈려 하는 것 중 하나는 언제 do you라고 할지 are you라고 할지입니다.

질문과 대답의 연관성을 이해하게 되면 이것 또한 풀려 버립니다.

대답에서 I like면 질문은 당연히 do you like이 되는 것이고, 대답에 I am이 있다면 질문은 당연히 are you가 되는 것입니다. 즉, 처음에 배울 때 이렇게 '기본 문장' 구조로 배우면, 응용이 쉬워집니다. 내가 배운 것을 응용해서 다른 말도 쉽게 할 수 있게 됩니다. '무엇을 어떻게 해야 할지' 알게 됩니다.

즉, 질문을 할 때 헷갈린다면 대답을 떠올려 보면 됩니다. 그럼 어떻게 시작해야 할지 힌트를 얻을 수 있습니다.

이렇게 듣고 따라 하는 연습에 익숙해지면

1) 문법적으로 왜 그런지 궁금하지 않게 되고(익숙해지면 궁금해지

지 않습니다.)
2) 헷갈리는 것도 줄어들고(들은 대로 따라 하고 있으니)
3) 헷갈리지 않으므로 자신감도 올라가고
4) 맞는지 틀리는지 걱정도 줄어들고(듣고 본 그대로 따라 하고 있으니)
5) 맞는지 틀리는지 걱정이 줄어드니 자신감도 올라가고
6) 영어에 대한 부담감도 줄어들고(실력이 늘고 있으니)
7) 그럼 당연히 말도 더 하게 되고(말하는 재미가 붙고 자신감도 생기므로)
8) 말이 더 빨리 늘게 됩니다.

이 다음부터 많은 표현과 어휘를 익혀 나가는 겁니다. 그래야 더 많은 말을 할 수 있게 됩니다.

잘 듣고, 들은 대로 언제나 문장으로 따라 하기

연습해 봅시다.
I am scared of cats.
나는 고양이가 무서워.

질문으로 바꾸면?
Are you scared of cats?

여기서 of가 왜 여기에 오는지 생각하지 않고, **'영어는 이렇구나'**하고 넘어가 주시면 됩니다.

그럼 **'너는 무엇을 무서워하니?'**는?
What are you scared of? 가 됩니다.

of가 맨 뒤에 와야 하는 이유는, '대답에 있었으니까.'라고 받아들여 주면 됩니다.

What are you scared of?
      Are you scared of cats?
I am scared of cats.

이 세 문장이 세트가 됩니다.
What are you scared of? 를 배웠다면
Are you scared of cats?
I am scared of cats. 는 당연히 할 수 있어야 하고,
Are you scared of cats? 를 먼저 배웠다면
What are you scared of?
I am scared of cats 도 당연히 되어야 합니다.

1+2=3을 배웠다면 2+1=3도 알아야 하고 3-2도, 3-1도 당연히 알게 되는 것과 같은 이치입니다.

2+1=3을 배웠는데, 3-2=1을 아직 안 배워서 모르면, 이상하잖아요.

What are you scared of?   1 + 2 = 3
Are you scared of cats?   3 − 1 = 2
I am scared of cats.   3 − 2 = 1

여기서 많은 분들이 이렇게 생각합니다.
"문장 끝에 of가 와도 돼? 난 이런 문장 본 적 없는데, 이게 맞아? 이상한데? 모르겠어."

이 말의 오류

나는 본 적 없다 - 라는 말은, 나는 많은 문장들을 보고 접했다, 라는 것을 전제하고 있는데요, 여러분은 공부를 많이 한 적이 없는 **왕초보**입니다. 아는 것보다 모르는 것이 더 많은 왕초보입니다. 잘 모르기 때문에 여러분의 기준으로 판단을 할 수 없는데도, 여러분은 그동안 판단을 해 오고 있었습니다.

애초에 문장 끝에는 of가 오면 안 된다고 아무도 말한 적이 없습니다. 내가 본 적 없고, 와도 되는지 안 되는지 몰라서 망설이고 불안해하면서 못 하는 것 대신에, '**외국인은 이렇게 말해? 알았어. 따라 해야지**' 라고 생각해 주길 바랍니다. 왜? 영어는 우리나라 말이 아니고, 외국어 이고, 우리는 그 외국어를 잘 몰라서 배우고 있으니까요.

'너는 지금 누구랑 있니?'를 영어로 바로 말할 수 있을까요?

수업 때 이것을 시키면 나오는 질문 몇 개가 있습니다.

* **있니**를 몰라서 못 하겠어요.
* **누구랑**은 who를 써야 하나요?
* **너는**을 do you로 해야 할지 are you로 해야 할지 모르겠어요.
* **랑**은 어떻게 하죠?

항상 이렇게 접근하니 매 순간 새로운 말(외워 놓은 패턴 말고 내가 하고 싶은 말)을 할 때마다 어색하고 말이 안 나옵니다.

질문이 바로 안 나오면 대답을 먼저 생각해 보세요.
(영어를 접근하는 방법을 바꾸기 위해서 **연습할 때 적용할 수 있는 방법**입니다.)

대답을 먼저 생각해 보는 이유는 대답을 할 때는 질문보다 만들기 쉽고, 그렇기 때문에 내가 원하는 말을 맞는 문장 구조로 제대로 하기가 쉬워집니다.

'너는 지금 누구랑 있니?'에 대한 대답을 생각해 보면,
'나는 지금 친구랑 있어.'가 됩니다.

나는 지금 친구랑 있어.
I am with my friend / now.

이것을 질문으로 하면

너는 지금 친구랑 있니?
Are you with your friend / now?

여기서 우리가 궁금한 것은 '누구'랑 있는지 이므로
답: Who are you with / now?
여기서도 많은 분들이 이렇게 생각합니다.

With가 맨 뒤에 와도 돼?
(난 이런 문장 본 적 없는데, 나한테 어색하니까 이 문장은 틀린 것 같아)

앞서 말했듯이, 이 부분이 문제입니다. **우리의 기준으로 판단**하는 것. 분명히 우리는 **잘 모르는데**, 우리가 판단하는 것, 그래서 **그대로 받아들이지 못하는 것**입니다. 위 문장이 어색할 수 있지만 틀리는지는 않다는 것, 그대로 본 대로, 들은 대로, 배운 대로 사용하자는 것, 비슷한 구조의 다른 문장을 보여드리겠습니다.

Where are you from?
Who are you with?

Where are you from? 이 문장도 틀린 것 같은가요? From(전치사)이 맨 뒤에 와서요?

아닙니다. 신기하게도 저 문장은 단 한 번도 **이상하다**고, 틀린 것 같다고 생각하지 않았습니다. 그리고 from이 왜 뒤에 오는지 궁금해하지도 않습니다. 왜? 익숙하니까요. 아주 오랫동안 익숙해졌고, 그냥 받아들였으니까요.

What are you talking about? 너 무슨 이야기하고 있는 거야?
(영화나 미드를 많이 본 사람들은 많이 들어 봤을 겁니다.)

About(전치사)으로 끝나도 문제없습니다. 오히려 about을 빼면 '없는 말 - 아무도 하지 않는 말'이 됩니다.

이 문장에 대한 대답은

I am talking about my company. (혼자 연습할 때는 이렇게 문장으로)

My company. (실전에서는 이렇게 짧게)

앞으로 연습으로 질문 대답을 하는 시간이 있을 때 이렇게 접근해 보세요. **질문을 듣고 대답을 하려고 해 보세요.** 질문 속에 들어 있는 단어, 표현, 문법, 순서 등을 그대로 가지고 가 보세요. 그럼 **헷갈리는 것** 없이 **받아들이게** 되고, 자신감도 생기게 되고, 같은 시간 동안 더 많이 **말할 수 있게** 됩니다. 생각보다 많은 것들이 연습이 되고, 배울 수 있게 됩니다.

Are you hungry?

연습할 때 권하는 대답 형식

Yes, I am hungry. / No, I am not hungry.

학교에서 배우는 대표적인 대답 형식

Yes, I am. / No, I am not.

실제 상황에서, 제일 자연스럽게

Yes. / No.

Do you like coffee?

연습할 때 권하는 대답 형식

Yes, I like coffee. / No, I don't like coffee.

학교에서 배우는 대표적인 대답 형식

Yes, I do. / No, I don't.

실제 상황에서, 제일 자연스럽게

Yes. / No.

Do you like your sister?

연습할 때 권하는 대답 형식

Yes, I like my sister. / No, I don't like my sister.

학교에서 배우는 대표적인 대답 형식

Yes, I like her. / No, I don't like her.

Yes, I do. / No, I don't.

실제 상황에서, 제일 자연스럽게

Yes. / No.

Are you going home?

연습할 때 권하는 대답 형식

Yes, I am going home. / No, I am not going home.

학교에서 배우는 대표적인 대답 형식

Yes, I am. / No, I am not.

실제 상황에서, 제일 자연스럽게

Yes. / No.

Do you want to go home?

연습할 때 권하는 대답 형식

Yes, I want to go home. / No, I don't want to go home.

학교에서 배우는 대표적인 대답 형식

Yes, I do. / No, I don't.

실제 상황에서, 제일 자연스럽게

Yes. / No.

Is your sister married?

연습할 때 권하는 대답 형식

Yes, my sister is married.

No, my sister is not married.

학교에서 배우는 대표적인 대답 형식

Yes, she is. / No, she isn't.

실제 상황에서, 제일 자연스럽게

Yes. / No.

우리는 항상 짧은 형태의 대답을 해 왔습니다. 그 형태를 먼저 배웠습니다. 그 대답이 틀렸다는 말이 아니라, 그렇게 짧게만 하다 보니, 내가 먼저 제대로 말하고 싶을 때 안 나옵니다. 그 부분을 고치려는 것입니다. 우리가 말이 막힐 때는 yes, no를 할 때가 아니라, 내가 제대로 말을 하고 싶을 때니까요.

이해한다고 해서 내 것이 되지 않습니다. 문법을 이해했다고 내 입에서 나오는 것이 아닙니다. 그렇기 때문에 더더욱 들은 것을 따라 하려고 해야 합니다. 그렇게 하다 보면, 내가 배운 문법도 복습이 됩니다.
don't / aren't이 헷갈릴 수 있습니다. 문법적으로도 배웠는데 헷갈립니다. 그런데 남들이 말하면 알아듣고, 이해도 됩니다. 그렇게 알아듣고 이해가 된 것을 따라서 **말해 보는 것**입니다. 그렇게 내 입에도 붙으면, 내 것이 되는 것입니다.

어디에서 무엇을 배우건, 그것을 이용해서 새로운 말을 만들어 낼 수 있게 됩니다. 다른 사람의 **확인**을 받을 필요가 없어집니다. 당연히 말이 되는 문장들이 됩니다.
조금만 배워도 그걸 이용해서 할 수 있는 말이 많아지게 되고, 그래서 말을 더 할 수 있게 되고, 자신감도 생깁니다. **아는 것은, 배운 것은 말할 수 있게 되는 겁니다. 우리가 언어를 배우는 목적을 달성하게 되는 겁니다.**

보통 원어민 수업인 경우에 원어민이 질문을 하면 한국인들은 대강 추측으로 알아듣고 대답도 단답형으로 합니다. 그것이 틀린 것이 아니라, 그런 경우에 결국 내가 하고 온 말들은 짧은 단어들, 특별한 표현들이라는 것입니다. 그것 또한 필요한 과정이지만, 우리가 영어를 할 때 막히는 경우는 그렇게 짧고 특별한 단어, 표현을 말할 때가 아니고, **제대로 말**을 하고 싶을 때, **제대로 문장으로 물어보고 싶을 때**입니다. 그렇기 때문에 연습할 때는 이런 방법으로 연습을 해서 **필요할 때 제대로** 하자는 거랍니다.

연습해 보기
주어진 문장을 기반으로 한글을 영어로 옮겨 보세요.

1. I am looking for my friend.
넌 누구를 찾고 있어?
너 나 찾고 있는 거야?
쟤는 뭘 찾고 있어?

2. I didn't eat lunch.
점심 안 먹었어?
점심 언제 먹었어?
점심 왜 안 먹었어?

3. I am talking to my friend.

너 누구한테 얘기하고 있어?

너 나한테 말하는 거야?

쟤 너한테 말하고 있는 거야?

4. I always hang out with my friends.

너 주로 누구랑 놀아?

너 주로 A하고 놀아?

쟤는 주로 누구랑 놀아?

5. I have been to Japan.

너 일본 가 봤어?

너 몇 개국에 가 봤어?

너 미국 안 가 봤어?

6. I am married.

너네 언니 결혼했어?

네 친구는 결혼했어?

너네 오빠 결혼 안 했어?

7. I will go there tomorrow.

거기 언제 갈 거야?

거기 내일 갈 거야?

거기 안 갈 거야?

8. I am late for work.

너 회사 왜 늦었어?

너 오늘 안 늦었어?

너 오늘 학교 늦었어?

9. This is my cup.

저건 네 컵이야?

이거 누구 컵이야?

이거 너의 책이야?

10. I am afraid of my boss.

넌 누구를 무서워해?

너 나 안 무서워?

쟤는 너를 왜 무서워해?

답

1. I am looking for my friend.

넌 누구를 찾고 있어?
Who are you looking for?
너 나 찾고 있는 거야?
Are you looking for me?
쟤는 뭘 찾고 있어?
What is she/he looking for?

2. I didn't eat lunch.
점심 안 먹었어?
Didn't you eat lunch?
점심 언제 먹었어?
When did you eat lunch?
점심 왜 안 먹었어?
Why didn't you eat lunch?

3. I am talking to my friend.
너 누구한테 얘기하고 있어?
Who are you talking to?
너 나한테 말하는 거야?
Are you talking to me?
쟤 너한테 말하고 있는 거야?

Is she/he talking to you?

4. I usually hang out with my friends.

너 주로 누구랑 놀아?

Who do you usually hang out with?

너 주로 A 하고 놀아?

Do you usually hang out with A?

쟤는 주로 누구랑 놀아?

Who does she/he hang out with?

5. I have been to Japan.

너 일본 가 봤어?

Have you been to Japan?

너 몇 개국에 가 봤어?

How many countries have you been to?

너 미국 안 가 봤어?

Haven't you been to America?

6. I am married.

너네 언니 결혼했어?

Is your sister married?

네 친구는 결혼했어?

Is your friend married?

너네 오빠 결혼 안 했어?

Isn't your brother married?

7. I will go there tomorrow.

거기 언제 갈 거야?

When will you go there?

거기 내일 갈 거야?

Will you go there tomorrow?

거기 안 갈 거야?

Won't you go there?

8. I am late for work.

너 회사 왜 늦었어?

Why are you late for work?

너 오늘 안 늦었어?

Were you not late today?

너 오늘 학교 늦었어?

Are you late for school?

9. This is my cup.

저건 네 컵이야?

Is that your cup?

이거 누구 컵이야?

Whose cup is this?

이거 너의 책이야?

Is this your book?

10. I am afraid of my boss.

넌 누구를 무서워해?

Who are you afraid of?

너 나 안 무서워?

Aren't you afraid of me?

쟤는 너를 왜 무서워해?

Why is she/he afraid of you?

덧

아주 예전에 한 학생분께서 "난 네가 천천히 말해 주면 좋겠어"를 하고 싶어 했습니다.

당연히 못 할 수도 있고 까먹을 수도 있기에, 제가 이렇게 답을 알려 드렸습니다.

I want you to speak slowly.

이분은 이 문장을 10번 정도 듣는 동안 I want you to slowly speaking 이라고 하셨습니다. 그리고 결국 마지막으로 성공하면서 이렇게 말씀 하셨습니다.

'부사 위치'가 너무 헷갈려요.

들은 그대로 따라 했다면 과연 '위치'를 헷갈렸을까요? 들은 그 부분에 넣으면 되는 건데요? '한국말로' 이해를 하고 나서 그 이해한 것을 '영어로 옮기려고' 하니, '부사' 위치를 생각해야 하고, 당연히 헷갈리겠지요. 여기서 대부분의 사람들은 '부사' 위치를 제대로 알기 위해서 문법 공부를 해야 한다고 생각합니다.
그런데 과연 그것이 필요할까요?

여기서 부사는 slowly입니다.

열 번째

세 그룹의 한국인들

영어로 말을 아예 못하는 사람
영어로 말은 하는데 대화를 못 하는 사람
영어로 말과 대화를 잘 할 수 있는 사람

여러분은 어디에 속한다고 생각하세요?

예전에는 한국인을 두 그룹으로 나눌 수 있다고 생각했습니다.

영어를 배웠건 안 배웠건 **영어로 말을 못 하는 그룹**과 **영어로 말을 잘 하는 그룹**.

그런데 많은 사람들을 가르치다 보니 한 그룹이 더 있다는 것을 알게 되었습니다.

영어로 말은 하는데, 대화를 못 하는 그룹입니다.

첫 번째 - 영어를 배웠건 안 배웠건 말을 아예 못 하는 그룹
두 번째 - 영어를 배워서 말은 하는데 대화는 못 하는 그룹
세 번째 - 영어로 말도 잘 하고 대화도 잘 하는 그룹

그리고 영어를 어느 정도 배운 대부분의 한국분들은 **두 번째**에 속합니다.
(들을 수만 있고 말을 못 하는 사람들도 **두 번째**에 속합니다. 여전히 대화는 못 하니까요)

무언가를 배우긴 해서, 적게 혹은 많게 할 수 있는 말은 있는데, 그것을 이용해서 대화는 못 하는 분들입니다.
우리의 궁극적 목적은 **대화**임에도 불구하고 대화를 못 합니다. 영어를 못 하는 것이 아니라, 대화를 못 하는 것입니다. 외운 것들을 이용해서 무언가를 말할 수 있는데, **상대방의 말을 제대로 알아듣지 못하고, 내 의견을 제대로 말을 못 하는 것이죠.**

수업을 하다 보면 그런 분들을 많이 만나게 됩니다. 문법도 어느 정도 배워서 알고 있고, 단어와 표현도 어느 정도 외워서 알고는 있어서, 무언가 말을 만들어 낼 수도 있긴 한데, 대화를 제대로 못 합니다. 제대로 알아듣고 원하는 말을 제대로 하고 싶은데, 아는 것도 안 들리고, 하고 싶은 말을 할 때 알고 있는 것들을 제대로 사용을 못 합니다. 그리고 하고 싶었던 말을 알려 주면 당연히 이미 본인이 할 수 있었던 말이거나 이미 알고 있는 것들을 가지고 할 수 있는 말입니다.

그럼 문법과 단어와 표현이 필요가 없을까요? 아닙니다. 당연히 알고 있어야 하고 무조건 많이 알아야 합니다. 하지만, 말을 안 하면서 외우기만 하면, 해석도 되고, 눈으로 봤을 때 무엇인지 알 수 있고, 특이한 표현과 단어들을 사용해서 대화를 해 나갈 수는 있지만, 정작 본인이 원하는 말을 제대로 표현해 내지는 못 합니다. 기본적인, 편한 대화를 해 나가지 못 합니다. 그리고 대부분의 어느 정도 공부를 했던 한국의 성인분들이 같은 문제를 가지고 있습니다.

특정 문법, 단어, 표현들은 이미 알고 있기에, 이분들은 저 세 가지 때문에 대화를 못 하는 것은 아닙니다. **더 배우려고만 하지 말고, 알고 있는데 사용을 못 하는 것을 입과 귀에 더 붙을 수 있도록 연습을 해야 한다는 말입니다.**

여기서 많은 성인분들이 납득을 못 합니다. 그들은 자신들이 영어를 못 하는 이유를 오로지 부족한 문법, 단어, 표현의 문제라고 봅니다. 그렇다면 앞서 말했듯이, 무엇이 문제인가요? 그 부족한 것들을 더 외우면 되는 것 아닐까요? 그런데 이렇게 공부를 계속하는 분들은 여전히 알고 있는 것들을 제대로 못 듣고, 사용을 못 하고 있습니다.

그래서 잘 들어야 합니다.
들리는 그대로 듣고 그대로 이해를 해야 합니다.
잘 들어야 그에 맞게 대답을 해 줄 수 있으니까요.
단어와 표현을 골라 듣고 추측하기가 아니라, 들은 그대로 말을 하려고 하면 됩니다.
아홉 번째 단계, 활용 2에서 설명했듯이, **제대로 듣고 제대로 대답하는 것을 연습해야 합니다.**
따라하려고 하는 노력을 함으로써 잘 듣게 되는 원리입니다.

물론 모르는 것은 아무리 들어도 알 수가 없습니다. 하지만 **지금 내가 못 들은 것이 몰라서 못 들은 것인지, 아는 것인데 어색해서 못 들은 것인지를 알기 위해서라도 결국은 많이 들어 봐야 합니다.** 제대로 많이 들어 봐야 합니다. 여기서 많이는 몇 번이 아니고 수십 수백 번 혹은 그 이상입니다. 그렇게 귀가 영어와 친해져야 합니다.

들은 것을 이용해서 말을 하고, 공부한 것을 기반으로 내가 원하는 말을 하고, 처음부터 표현과 어휘를 배울 때도 어떤 모양으로 어떤 상황에서 어떻게 말을 해야 하는지도 함께 익히면서 입과 귀가 알 수 있도록 연습을 해야 합니다.

아는 것만큼은
말할 수 있고
들을 수 있도록
아는 것은 입과 귀에 익숙해질 수 있도록
연습해야 합니다.

열한 번째
그럼 어떻게 하라는 건가?

그럼 어떻게 하라는 건가? 1

연습하자는 말입니다. 듣고 따라 하면서 아주 많이, 정말 많이 대화하면서 연습하자는 말입니다.

그럼 대체 어떻게 하라는 건가? 2

솔직히 대부분의 독자들은 이 부분만을 궁금해할 거라 생각합니다. 우리는 영어를 못 하는 이유를 오로지 방법의 문제로 보고 있으니까요. 그런데 이미 많은 방법들이 나와 있고, 여러분들도 많이 들어도 봤고 본 적도 있을 겁니다. 하지만 이상하게도 영어를 못 하는 사람들은 여전히 많이 있습니다. 그리고 계속 그런 학습법 책들과 영상들이 나오고 있습니다.

왜?

제일 앞에서 얘기한 거 기억하시나요?

영어는 남의 언어이므로 아주 많이 듣고 따라 해야 한다.

이걸 전제로 하고 여러분이 이미 알고 있는 것들을 해 나가면 됩니다.

동영상 강의, 유투브, 전화영어, 문법공부, 단어 암기, 표현 암기, 쉐도잉, 미드, 영화, 필사, 원서 읽기. 스터디 그룹, 일상 대화, 토론.

모두 좋고, 모두 해야 합니다.

이 중에서 하나만 골라서 하려는 방법 자체도 문제이기도 합니다.

단, 무엇을 하든 계속 말을 해야 합니다. 눈으로 보고 이해하고 외우고 넘어가는 것이 아니라, 입에 붙어서 잘 나올 때까지 말을 계속 해야 합니다. 머리 속에서만 알고 넘어가려고 하지 말고 입과 귀에 붙여서 입에서는 자연스럽게 나오고 귀에서는 익숙하게 만들어야 합니다.

무언가 거창한 방법을 기대했다면 실망했을 거라 생각합니다.

저는 영어를 배움에 있어서 아주 특별한 방법이 있다고 생각하지 않습니다.

결국 많이 듣고 들은 대로 많이 말하면 누구나 할 수 있다고 생각합니다.

재능과 노력과 상관없이 아주 어릴 때부터 외국에 나가서 살았다면 영어는 무조건 잘 했을 테니까요.

앞에서 얘기했던 외국에 어학연수 가는 상황 기억하시나요?

영어를 듣고 말하게 되는 많은 상황 때문에 영어를 익히게 된다는 것이지요.

물론 더 좋은 수업, 교재, 선생님이 있을 수 있습니다. 하지만, 모든 것을 흡수할 수 있는 어린아이 때 외국에 나갔다면, 수업과 상관없이, 방법과 상관없이 그 나라 언어를 잘 하게 된다는 사실은 변함이 없습니다.

첫째. 수업이 끝나고 밖에 나가면 모두 영어 환경입니다. 상점에 가도, 식당에 가도, 쇼핑을 가도 영어가 있습니다. 내가 굳이 말을 안 하려고 해도 하게 됩니다. 내가 필요하니까요. 내가 들으려는 노력을 안 해도 들립니다. 보려고 안 해도 보입니다. 영어에 둘러싸여 있게 됩니다.

둘째. 외국에 나가면 **영어만 하러** 나갑니다. 하루 종일 영어만 하게 되는 겁니다. 그런데 한국에서는 일도 하고 다른 것들도 다 하면서 조금 시간 내서 영어를 합니다. 당연히 절대적인 시간이 다릅니다. - 여기서 개인의 의지가 영향을 주긴 합니다.

셋째. 만나는 사람들도 다릅니다. 한국에서는 수업 끝나고 나면 한국인과 한국말로 놀고 말하지만, 외국에 나가면 외국인을 만나야 합니다. 물론 한국인도 있지만, 일단 외국인을 만날 기회가 훨씬 많습니다. 그래서 외국으로 공부하러 가는 거니까요.

그러나, 외국에서도 한국말만 사용하고, 한국인과 어울리고, 한국 드라마를 보고 오면 영어가 별로 늘지 않습니다.

즉, 한국에서도 영어를 더 많이 사용하고, 가능하면 외국인과 어울리려고 하고, 외국 영화, 드라마를 보려고 하면 되는 겁니다. (물론, 한국에서 외국인과 어울려 노는 것이 생각만큼 쉽지는 않습니다.)

그런데, 지금 하듯이 그렇게 가끔 조금씩, 가끔씩 말고, 내가 외국에 나가 있는 것처럼 하루 종일이요.

하지만!

그렇게 못 한다면, 욕심 버리고 기대치 낮추고 아주아주 천천히 조금씩 즐겁게 공부해 나가면 됩니다. 많이 못 하고 있으니까, 상황적 요인으로 어쩔 수 없이 많이 못 할 수밖에 없으니까 천천히 즐겁게 스트레스 없이요.

그럼 언젠가는 영어가 편해지지 않을까요?

물론, 아주 오래 걸립니다. 하지만 우리가 바라는 것이 바로 그것 아닌가요? 꾸준히 조금씩이라도 해 나가면서 영어가 편해지는 것이요.

열두 번째
마지막 - 그럼 어떤 방법이 나에게 맞을까?

어떻게 공부를 하면 영어를 잘 하게 될까요?

그래도 고민이 될 겁니다.

천천히 조금씩 즐기고 싶어도 나에게 맞는 방법으로 해야 하지 않을까?
어떤 방법이 효과적일까?
다른 사람의 학습량과 학습법이 나랑 잘 맞지 않는 이유는 무엇일까?
똑같은 방식으로 모두 공부했을 때 성장이 다른 이유는 무엇일까?
누구는 적은 시간으로 했을 때 늘었는데, 나는 늘지 않는 이유는 무엇일까?

서점이나 유튜브나 인터넷에서 보면 학습법에 관한 정보가 넘쳐 납니다. 그리고 많은 사람들이 그 방법으로 성과를 얻기도 하고, 때로는 정말 적은 시간으로 큰 성과를 얻기도 합니다. 미국, 캐나다 등 영어권

나라에서 1~2년 체류할 동안 하나도 안 늘다가 한국에 돌아와서 미드로 연습해서 몇 개월 만에 늘었다는 분도 있고, 원서만 읽어서 늘었다는 분도 있고, 원서 한 권을 통째로 외워서 늘었다는 분도 있고, 영화한 편을 듣고 따라 해서 늘었다는 분도 있습니다. 어떤 사람은 단어를 많이 외우라고 하고, 어떤 사람은 문법이 필수라고 하고, 어떤 사람은 미드가 최고라고 하고, 어떤 사람은 영화가 최고라고 하고, 어떤 사람은 원서 읽기가 최고라고 합니다.

무엇이 옳을까요?

제 의견은 "모두 옳다" 입니다.
어떤 방법이든 누군가 그렇게 해서 늘었다면, 그 방법은 효과가 있는 방법입니다. 단, 우리가 그대로 한다고 해서 그들과 똑같이 늘지는 않습니다. 그들과 우리들의 시작점과 환경이 다르기 때문입니다.

그들이 그런 방법을 시도하기 이전에 얼마나 영어를 접했고, 공부했으며, 어떤 환경에 있었는지 그리고, 그런 방법들로 할 때 어떤 상황이 었는지 우리는 알 수 없습니다. 알고 있더라도 똑같이 만들어 낼 수 없습니다. 시작점과 환경이 아주 다릅니다.

그럼 도대체 어떤 교재와 어떤 방법으로 해야 늘게 되는 건가요?

그 전에 먼저 다양한 방법으로 영어가 늘었다는 분들의 이야기를 생각해 봅시다.

1. 문법을 공부했는데, 말이 안 늘어서 미드로 했더니 늘었다.
- 문법을 공부하면서 많은 표현과 어휘를 외웠음.
- 그 다음에 미드를 통해서 말하는 연습을 했음.
- 이분처럼 해서 늘기 위해서는 미드를 하기 전에 문법이 필요함.

2. 단어를 외웠는데, 말이 안 늘어서 표현을 공부했더니 늘었다.
- 단어를 많이 외웠음.
- 이분처럼 해서 늘기 위해서는 표현 공부를 하기 전에 단어를 많이 외워야 함.

3. 미국에 1년 다녀왔는데 말이 안 늘어서 한국에서 미드로 공부했더니 늘었다.
- 미국에서 1년 동안 영어를 들어서 귀에서는 익숙하며 그동안 말을 하려고 노력을 했음.
- 외국에 있으면서 영어에 대한 두려움은 없앴음.
- 외국에서 생활하면서 간단한 대화 정도는 하면서 영어랑 친해졌음.

4. 영문과를 나왔음에도 회화가 안 되었지만, 문법을 공부하고 나니

대화가 되었다.
- 영문과에 다니면서 4년간 영어를 전문적으로 공부했었음.
- 문법, 표현, 어휘, 다른 영어 수업 등을 영문과가 아닌 사람보다 훨씬 많이 접했음.

5. 토익도 잘 나오고, 문법도 다 공부했는데 말을 못 하다가, 특정 프로그램으로 했더니 말이 터졌다.
- 그 프로그램 하기 전에 수많은 단어와 문법을 외우면서 공부했음.
- 즉, 이분이 했던 그 프로그램으로 이분과 같이 효과를 보기 위해서는 이 사람이 했던 그 공부량도 필요함.

모두가 오랜 시간 동안 다양한 장소에서 다양한 방법을 시도하고, **결국 그 여러 가지 방법들로 공부한 것들이 쌓이고 쌓여서** 말이 터지게 된 것입니다.

본인들만의 그 방법으로 공부하기 전의 상황이 모두 다릅니다. 그리고 그 방법을 시도할 때의 상황 또한 다릅니다.

누구는 외국인 친구들이 있고, 누구는 영어 관련 업무를 하고, 누구는 외국인과 일을 해서 영어를 사용할 기회가 자주 있고, 누구는 팝송을 좋아해서 매일 듣고, 영화를 좋아해서 영어를 자주 접하고 들을 기회가 있어서 말은 못 하더라도 귀에서 익숙합니다.

그 누군가가, 무엇을 가지고 어떻게 공부를 했던 간에, 그 동안 공부해 놓은 것들을 바탕으로, 영어를 말하게 되는 상황에 놓여져서, **영어를 직접 사용하게 되면서** 영어가 늘게 된 것인데, 우리는 그 과거의 경험과 공부량과 지금 다른 환경에 있다는 것을 생각하지 않고, 같은 결과를 기대하니, 그 방법이 통하지 않습니다.

표현 1,000개를 외운 A와 B가 있는데, A는 외국인 친구나 동료가 있어서 영어를 항상 사용할 기회가 있는데, B는 전혀 그런 상황이 아니라면, 똑같은 표현을 똑같이 공부해도 한 명은 아주 많이 늘고 다른 한 명은 그만큼 늘 수 없습니다. A는 그 표현들을 가지고 사용하고 연습을 하면서 말을 할 기회가 있지만 B는 없기 때문입니다.

똑같이 회화 학원을 다녔는데, 한 명은 회사에서 영어를 매일 사용하고, 다른 한 명은 그렇지 않으면 당연히 영어를 매일 사용한 사람은 실력이 쑥쑥 늘지만, 다른 한 명은 발전이 없거나 더딜 수밖에 없습니다. 그 학원의 프로그램이나 교재나 선생님이 문제가 아닙니다.

왕초보가 6개월 만에 늘었다고 해서 똑같이 해 봤는데, 알고 봤더니 그 왕초보는 외국계 회사에서 일하면서 매일 영어를 듣고 사용할 환경에 있었다면(스트레스 받으면서 생계를 목적으로), 여러분은 그분이 한 방법을 똑같이 하면 늘까요? 여러분은 그 사람처럼 영어를 쓸 일이 전혀 없는데요?

다른 왕초보가 1년 만에 늘었다고 해서 똑같이 해 봤는데, 알고 봤더니, 그 왕초보는 말만 못 하는 왕초보였고, 단어도 많이 외웠고, 문법도 많이 알고 있었다면요?
혹은 그 사람은 여행도 좋아하고, 여러분과 다르게 부끄럼도 전혀 없고, 팝송과 미드를 항상 즐겨 보던 사람이라면요?

원서를 읽어서 늘었다는 분이 있어서 똑같이 해 보려고 했는데, 알고 봤더니, 토익 900점 받은 사람이면요? 여러분은 과연 똑같이 하면 늘까요?

공부하는 과정에서도, 같은 왕왕초보라도, 공부할 시간도 다를 수 있고, 이해력이 다를 수 있고, 회사에서 혹은 학교에서 영어를 사용하는 환경에 있는 사람과 없는 사람은 당연히 차이가 날 수밖에 없습니다. 같은 초중급자라고 해서, 똑같이 표현 몇 개를 외운 다음에 같은 레벨이 오를 수는 없습니다. 각자 하루에 영어를 접하는 환경과 사용하는 환경이 다르니까요.

그런 모든 것을 고려해서 본인에게 맞게 학습을 해 나가야 하는데, 다른 사람이 했던 방법 하나만 믿고 해 나가다 보니, 당연히 그만큼 늘지 않아서 또 실망하고, 다른 방법을 찾게 되는 겁니다. 그리고 무엇보다 그것을 배우는 과정에서, 아주 많은 시간을 투자해서 연습을 하지도 않고, 그 방법 그대로 따라 하지도 않습니다.

여러분 모두 교육받은 정도(공부를 한 정도)가 다르고, 배운 환경이 다르고, 지금 처한 환경도 다릅니다. 학습 능력도 다릅니다. (재능이라는 부분이 아주 조금 영향을 주기도 하지만, 어릴 때부터 외국에 나가서 살았다면 똑같이 잘 했을 거라는 사실은 변함이 없습니다.)

다른 사람이 했던 방법으로 똑같이 공부한다고 해서 똑같이 느는 것이 아닙니다. **근본적인 부분**을 이해하고, 취할 것만 취해서 여러분만의 방법으로 해 나가야 합니다.

영어를 정말 처음 하는 사람과
영어를 조금 배우긴 했지만 말을 한 번도 안 해 본 사람과
영어를 많이 배우긴 했지만 말을 한 번도 안 해 본 사람과
영어를 많이 배웠고 말도 해 봤는데 아주 소극적인 사람과
영어를 많이 배웠고 말도 잘 했는데 너무 오랫동안 하지 않은 사람과
영어를 들으면 두렵기만 한 사람들은
시작이 모두 다릅니다.

이들에게 필요한 공통적인 방법 하나는 **앞으로 더 많이 듣고 더 많이**

말을 해야 한다는 것입니다. 그리고 딱, 투자한 시간만큼만 늘 것입니다.

학생분들 예
첫 번째 예

대학생이었습니다. 전형적인 한국의 학습자라고 할까요? 문법과 표현과 단어는 많이 외웠고, 규칙도 많이 알고, 외운 표현과 어휘들은 입에서 나오지만 대화하는 법은 모르는, 원하는 말은 하지 못하는 실력이었습니다.

이 분의 친구가 '시트콤 프렌즈'로 엄청 많이 공부해서 영어를 정말 잘 하게 되었다고 합니다. 그러면서 저한테 물었습니다. '어떻게 해야 영어를 잘 할 수 있을까요?'

저는 그런 생각이 들었습니다. 바로 옆에 있는 친구가 그렇게 해서 잘 하게 된 것을 봤다면, 똑같이 하면 되는데, 왜 굳이 나한테 와서 물어볼까?

그래서 그대로 말해 줬습니다. '그 친구처럼 하세요. 처음부터 끝까지 다 따라 하세요. 그 친구분이 한 것처럼 이요. 그럼 그 친구분처럼 아주 잘 하게 될 거예요.'

이분의 대답은 이랬습니다.

"그렇게까지 많이는 못 하겠어요."

두 번째 예

한 학생분이 '개그맨 누가 전화영어를 해서 영어가 늘었다고 한다, 나도 그걸 해 봐야겠다'라고 하셨습니다.

그래서 제가 물었습니다.

"그분이 그거 말고 다른 것들은 얼마나, 그리고 전화영어를 어떻게 얼마나 했는지는 아세요?"

그분의 대답은

"아니요, 그건 몰라요, 그냥 전화영어 하면 느는 거 아니에요?"

앞서 설명한 바와 같이, 전화 영어 하루 10분은 일 년 동안 하면 이틀치가 됩니다.

과연 이분이 전화영어를 1년 동안 꾸준히 해서 이틀치가 늘고 만족했을지, 다른 것도 같이 하면서 엄청 늘었을지 궁금합니다.

세 번째 예

오래전에 한 그룹반에 학생 A와 학생 B가 있었습니다. A는 저와 4년 정도 수업을 하고 있었고, B는 몇 달 안 되었습니다. 게다가 A는 초반 1~2년 동안 정말 열심히 하셨고, 숙제도 잘 하셨고, 아주 착실하게 공부하셨습니다. (약 7년 다니셨습니다)

그런데 B는 정말 숙제도 안 하시고, 해야 할 것들을 배운 방법대로 안 하시고 불평만 하셨습니다.

어느날 B가 A에게 물었습니다. "A는 영어를 원래 잘 했던 거죠?"

원래 잘 하는 것…이 어디 있을까요? 왜 남들이 투자한 노력과 시간은 고려하지 않을까요?

네 번째 예

회사 동료 한 분이 중국어를 일주일에 한 번 2년 동안 배워서 어느 정도 실력이 늘었다고 해서, 일주일에 한 번 영어를 배우러 오셨습니다. 그런데 영어 수업을 3개월 정도 수업을 해 보더니, 너무 늘지 않아서 그만두셨습니다. 우선 이분들은 따로 공부를 안 하시고 숙제도 안 하셨기에, 공부한 시간으로 계산하면 12시간 정도가 되었는데, 안 늘었다고 그만둔 겁니다. 그런데 그 중국어를 배웠다는 동료분이 과연 일주일에 학원에 가는 딱 1시간만 공부했을까요? 아니면 더 했을까요? 일주일에 1시간이면 한 달에 4시간 일 년에 48시간. 이틀. 2년 동안 딱 4일 정도가 되는데요, 과연 그 정도만 했을까요? 이렇게 다들 학원을 다닌 기간만 생각하고, 정작 본인이 공부를 실제로 한 시간과 노력은 간과를 합니다.

긴 잔소리 들어 주셔서 감사합니다.

처음에 말씀드린 대로 전 영어를 배움에 있어서 특별한 방법이 있다고 생각하지 않습니다. 우리가 어릴 때 외국에 나가서 생활을 할 기회가 있었다면 특별한 방법 없이도 영어를 모국어처럼 잘 익혔을 거라고 생각합니다.

한국에서 없는 시간을 쪼개서 틈틈이 공부를 하더라도, 그런 방법으로 접근해 주길 바랍니다. 여러분이 마치 외국에 나가서, 영어에 둘러싸여 있는 것처럼요.

여러분이 매일 외국인과 대화를 하고, 어디에 가던 영어를 보고 듣게 되는 것처럼 많이 듣고 많이 따라 하세요.

입에 붙을 때까지, 내가 원하는 말이 자연스럽게 나올 때까지, 내가 아는 것은 모두 들을 수 있을 때까지 많이 연습하시면 됩니다.

정말 오래 걸릴 것이지만, 그것이 당연한 거랍니다. 모두에게 오래 걸립니다.

앞으로 어디에서 누구랑
무엇을 가지고 공부하더라도
잊지 마세요.

"영어는 남의 언어이므로
많이 듣고 따라 하면서 연습해야 한다."

그럼 여러분도
영어로 대화를 할 수 있게 됩니다.

사례별 조언

잘 못 듣는 사람

정말 많은 단어와 표현을 외우고 있는 분이셨습니다. 그래서 외운 것을 기반으로 말은 할 수 있는 분입니다. 문법적으로도 맞고, 단어와 표현을 풍부하게 구사하셨습니다. 하지만 듣기를 못 합니다. 단어 표현을 몰라서가 아니라 들리지 않는 것입니다. 당연하지만 안 들리면, 나 혼자 말은 할 수 있지만 대화는 하지 못합니다. 일방적으로 말을 하게 됩니다. 여행 가서도 혼자서 말은 하지만 필요한 것은 요구하고 듣지는 못하고 사람을 만나서 대화도 하지 못합니다.

왜 그럴까요?

소리 체계를, 영어는 어떤 소리가 나는지를 '납득' 못 하는 경우였습니다. 영어는 내가 알고 있는 방식대로 발음이 나고 소리가 나야 하는데, 그들은 그렇게 말을 안 하니, 못 듣는 경우였습니다.

결국 '**영어 소리**는 이렇구나.' 하고 받아들이는 과정을 겪고 나서부터 조금씩 들리기 시작했습니다.

예를 들어서 want to는 원트 투 이렇게 발음이 나야 한다고 생각하셨습니다. 그런데 그들은 때로는 이 표현을 워너 이렇게 발음하기도 합니다. 당연히 이분 입장에서는 원트 투 가 들려야 그렇게 이해를 하는데, 워너가 들리니 '안 들린다'고 말하며 '못 알아듣습니다'

단순 암기의 함정

무언가를 외우면 무조건 좋습니다. 하지만 그것만 외우면 그것밖에 되지 않습니다. 하지만 그래도 일단 외우면 좋기 때문에 저도 외우라고 하긴 합니다.

'안 했어'라고 말할 때 No, I didn't. 이렇게 외우기도 합니다. 이걸 잘 외워서 이렇게 말할 수 있으면 잘 하는 것입니다. 무조건 좋습니다.
그런데 우리가 말을 잘 하고 싶다는 것은 I didn't 이렇게 한 마디가 아니라, 제대로 의사 표현을 다양하게 하고 싶을 때입니다.

예전에 한 학생분에게 "Did you study English?" 하고 질문을 했습니다.
이분은 바로 "No, I didn't" 이렇게 대답했습니다.
일단, 잘 하신 겁니다. 알아듣고 대답을 했으니까요.

그래서 제가 다시 요청을 했습니다. '난 영어 공부 안 했어.'를 영어로 해 보라고요.

이분은 I wasn't인지 didn't인지 헷갈린다고 했습니다.

I didn't은 했는데, I didn't study English(정답)는 못 했습니다.

이런 부분이 단순 암기의 맹점입니다.

활용을 못 하는 경우

활용을 못 하면 정말 공부가 힘들어 집니다. 하나를 배우면 그걸 이용해서 다른 말을 할 수 있어야 하는데, 그걸 못 하니, 단순 암기만 하게 되고, 외운 것만 할 수 있었습니다.

역시나 영어도 한국말처럼 '언어'라는 것을 납득해야 했습니다.

여덟 번째와 아홉 번째에서 설명 드렸듯이, 영어도 수많은 언어 중의 하나일 뿐이고 한국어처럼 응용이 된다는 것을 한참 동안 설득하고 연습시킨 후에 풀렸습니다. 보통 이런 분들은 반년 정도 걸리지만, 그 이상 몇 년이 걸린 분도 계셨습니다.

이 부분을 이해하게 되면, 알고 있던 것도 금방 확장이 되고, 새로 배우는 것들도 잘 사용하게 됩니다.

만족을 못 하는 경우

본인의 실력을, 본인이 어디에 있는지, 얼마나 했고 얼마나 하고 있는지를 객관적으로 볼 수 있어야 합니다. 내가 어느 정도였고 지금 어디에 있는지.

무엇이 늘었고, 무엇이 안 늘었는지, 그리고 내가 실제로 투자한 시간과 노력이 어느 정도였는지 계산해 보세요.

생각보다 안 했고 시작 전과 비교해 보면 생각보다 많이 늘었을 것입니다.

거기에 만족을 해 주고 앞으로도 꾸준히 계속해 주셔야 합니다. 그럼 지금보다 훨씬 많이 늘어 있을 것입니다.

울렁증이 심한 경우

영어에 대한 부담이 정말 심한 경우를 많이 봤습니다. 영어의 영자만 들어도 겁을 내고 영어라는 언어 자체에 대한 공포심을 가지고 있었습니다. 내가 영어를 못 하는, 혹은 못 한다고 생각하게 된 이유가 나 때문이 아니라, 우리나라 교육 환경에서의 부족한 점과 여러가지 매체에서 조금만 공부하면 금방 말을 할 수 있는 광고 때문이라는 것을 납득하고 **나도 하면 할 수 있는 거구나**라는 생각을 갖는 것이 중요합니다. 어쨌든 우리가 못 하는 이유는 학교에서 영어 수업만 받고 말은 한 적이 없어서니까요.

내가 못하게 된 이유가 내가 안 해서가 아니라 한국 교육 환경에서 어쩔 수 없이 안 하게 되었을 뿐이라고 생각해 주고, '나도 하면 되겠네'라고 생각을 해 주려고 노력해 주어야 합니다.

기억이 안 난다고 머리가 나빠서 나이가 많아서 못 한다고 생각하는 경우

만약 여러분이 외국에 나가서 공부를 한다면 잘 하게 될까요? 여전히 못 할까요?

물론, 노화라는 자연적인 현상을 무시할 수는 없습니다. 한국말로도 까먹는 것이 생기는걸요. 즉, 한국인이 한국말을 까먹는데 하물며 남의 언어이고 자주 접하지도 않는 영어를 까먹는 것은 더욱 자연스러운 일이 아닐까요?

아무리 머리가 나빠도 기억하는 것들이 있습니다. 그렇게 의미를 부여해 주고 많이 접하면 어느 정도는 모두가 되지 않을까 합니다. 물론, 정말 많이 해야 합니다.

어휘력의 문제라고 생각하고 단어만 외우려는 분들.

단어를 먼저 외워도 됩니다. 단어는 무조건 많이 알아야 합니다. 단, 단어를 많이 알았다고 해서 말이 되는 것은 아니라는 것을 알면 됩니다. 알고 있는 단어를 이용해서 말을 하려고 해야 합니다. 그런데 그렇게 말을 하게 된다고 해서 들리는 것은 아닙니다. 아직 귀가 영어와 친하지 않습니다. 그럼 듣기도 많이 하면 됩니다. 표현도 많이 외워야 합니다. 무조건 많이 알면 좋습니다. 하지만 역시나 내가 공부하고 배운 표현을 내 것으로 만들려면 사용을 해 봐야 합니다. 글을 쓰는 것 말고 내 입을 열어서 말하고 듣는 과정을 꼭 해야 합니다.

그렇게 부족한 것을 알고 채워 나가면 됩니다.

문법을 몰라서 못 한다고 생각하는 분들

단순히 문법을 몰라서 못 한다고 생각한다면, 고민 마시고 일단 문법을 공부해 보세요. 그렇게 문법을 모두 이해를 하고 말이 잘 나오면 오히려 잘 된 거죠. 그런데 혹시 문법을 조금이라도 공부한 적이 있다면, 그 문법들을 이용해서 말이 나오는지 확인해 보세요. 안 배워서 못 한다고 생각한다는 것은 배운 것은 잘 할 수 있다는 말이니까요.

그런데 막상 말을 하려고 보니, 분명 알고 있는 것인데 입에서 안 나온다면, 문법 탓은 잠시 멈추고 일단 알고 있는데 입에서 안 나오는 것을 말을 해 보세요. 입이 알도록 연습을 해 보세요.

그렇게 아는 것들이 입에서 나오기 시작했을 때, 모르는 다른 것들을 공부해 나가면 됩니다.

일단은 연습입니다.

나름 열심히 했는데 늘지 않는다고 하는 분들

여러분이 말하는 나름 열심히 했다는 부분을 잘 생각해 보시기 바랍니다. 여러분이 평소에 공부를 하루에 10분 하다가 20분으로 늘리면 분명 열심히 한 것이 맞습니다. 하지만 그렇다고 그것이 충분히 많이 했다는 뜻은 아닙니다 평소의 여러분보다 많이 했을 뿐이지요.

여러분이 잘 하는 무언가를 떠올려 보세요. 그것을 잘 하기까지 여러분이 들인 시간과 노력을 생각해 보세요. 만약 누군가가 여러분이 들인 노력과 시간의 1/10만 소비해서 여러분만큼 잘 하기 바란다면, 가능할까요?

절대적으로 투자해야 하는 시간이 있습니다. 그 절대적인 시간도 사람마다, 환경에 따라 다르겠지만, 그래도 아주 많이 해야 한다는 사실에는 변함이 없습니다.

영어에 대한 두려움이 너무 커서 입을 열기가 힘든 분들 1

예전에 한 학생분이 들어오셔서, 제가 인사를 했습니다.

How are you?

대답을 못 하셨습니다.

그래서 제가 물었습니다.

혹시 뜻을 모르세요?

아니요. 알아요.

혹시 대답을 모르세요?

아니요. 알아요.

그럼 말해 보시겠어요?

대답을 못 하시고 가만히 계셨습니다. 그리고 약 15분 정도의 침묵이 흐른 뒤에 결국 한 마디 말을 하셨고(I am good) 그 다음부터는 조금 더 편하게 말을 하게 되었습니다.

지금은 여러분이 말을 못 한다는 생각으로 아예 아무것도, 알고 있는 것도 못 하고 있을 수 있습니다. 하지만 그것들 - 알고 있는 작은 것들 - 먼저 꺼내다 보면, 그 다음 말도 나올 수 있게 됩니다. 아는 것들, 쉬운 것들부터 말을 하려고 해 보세요.

영어에 대한 두려움이 너무 커서 입을 열기가 힘든 분들 2

이분은 약 3년을 다니셨는데요, 거의 2년이 지날 때까지 두려움이 너무 커서 말을 편하게 못 하셨습니다. 그러다가 한 번은 너무 힘들어서 수업 중간에 뛰쳐나가서 울다가 들어오시고는, 그때부터는 너무 편하게 말을 하기 시작했습니다.

내려놓고 오신 겁니다. **'나는 틀려도 된다'**라는 사실을 납득하게 된 것입니다. **틀리는 것이 문제가 아니고**, 틀리기 때문에 수업을 온 것이고, 그 과정에서 고쳐 나가는 것이 정상이라는 것을 납득하신 겁니다.

이런 과정이 필요합니다. 나는 몰라서 배우는 것이라는 것을. 말을 해 본 적이 거의 없어서, 배운 것들도 잘 못 하는 것이 당연하다는 것을.